Seele der Welt

Karte

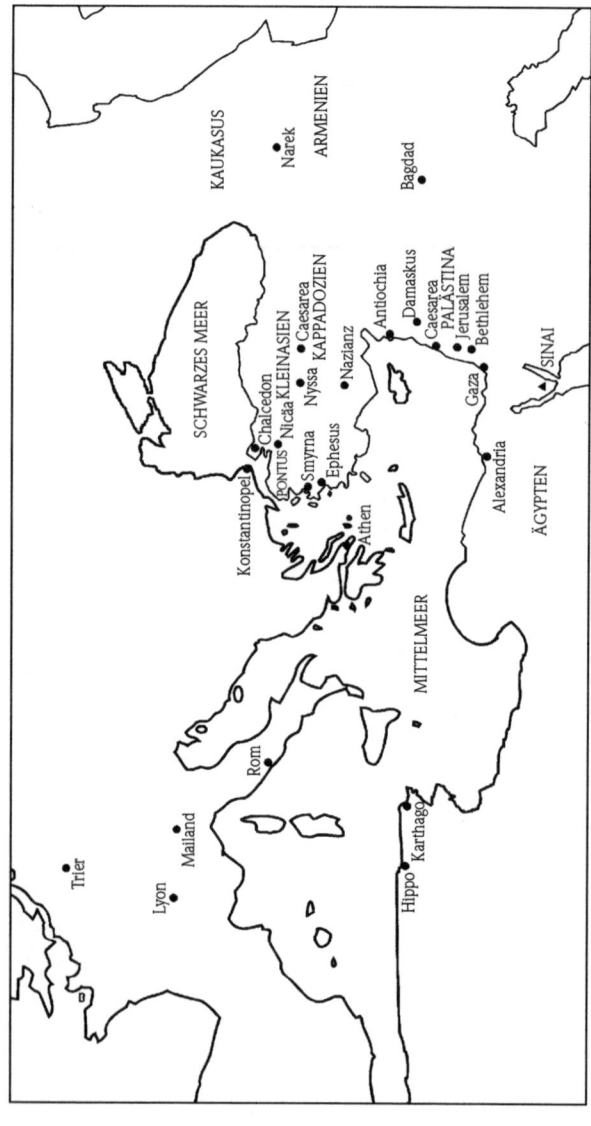

Seele der Welt

Texte von Christen
der ersten Jahrhunderte

Ausgewählt in Taizé

HERDER
Freiburg · Basel · Wien

Auswahl, Übersetzung, Zusammenstellung und Einführungen
der Texte:
© Ateliers et Presses de Taizé, F-71250 Taizé – Communauté, 2001

Die französische Originalausgabe erschien 1996 unter dem Titel:
Soyons l'âme du monde
Textes choisis des chrétiens des premiers siècles

Für die vorliegende Ausgabe wurden die selben Texte aus dem
Griechischen, Lateinischen, Koptischen und Armenischen ins
Deutsche übersetzt von:
Lothar Vogel
Albrecht Knoch
Karl Pinggéra (Gregor von Narek)
Michael Ghattas (Pachomiusvita)
In Zusammenarbeit mit der Communauté de Taizé

Umschlaggestaltung: Finken & Bumiller, Stuttgart
Umschlagmotiv: Sabine Leutenegger

Satzbearbeitung: DTP + Printmediengestaltung M. Heublein
Druck und Bindung: fgb · freiburger graphische betriebe 2001
www.fgb.de
Gedruckt auf umweltfreundlichem, chlor- und säurefrei
gebleichtem Papier
ISBN 3-451-27418-3

Inhalt

Einführung

Seit vielen Jahren kommen Woche für Woche Jugendliche aus der ganzen Welt nach Taizé. Für unsere Communauté wirft das immer neu die Frage auf: Wie können wir gemeinsam zu den Quellen des Glaubens gehen? Wie können wir im Vertrauen auf den lebendigen Gott Geschmack am Leben finden, und Mut, unser Leben einzusetzen?

Der „Pilgerweg des Vertrauens auf der Erde", der seit Jahrzehnten von Taizé ausgeht, will Vertrauen unter den Menschen schaffen und Barrieren abbauen. Ein solches Engagement kann nur aus einem inneren Leben kommen. Auch in schwierigen Situationen gibt der Heilige Geist das nötige Vertrauen, um sich dem „Geheimnis des Glaubens" zu öffnen und Christus nachzufolgen. Dabei stützen wir uns auf die Zeugen der Liebe Gottes aller Zeiten.

Mit den „Kirchenvätern" sprechen Menschen zu uns, die in den ersten Jahrhunderten nach Christus entscheidend dazu beigetragen haben, dass das Evangelium die Geschichte der Menschheit geprägt hat. Sie haben das radikal Neue, das durch das Leben und die Auferstehung Jesu in einem verlorenen Winkel der Erde geschehen ist, in ihre Zeit und Kultur übersetzt und damit deutlich gemacht, dass mit dem Evangelium für die ganze Menschheitsfamilie und für jede Epoche eine Quelle neuen Lebens hervorbricht. Viele von ihnen sind dabei selbst dem Martyrium nicht aus dem Weg gegangen.

Ihr Glaube ist in der Schrift verankert. Auch wenn ihnen unsere Methoden der Bibelauslegung noch nicht zur Verfügung standen, haben sie doch den Sinn der Schrift erfasst und sahen die Schöpfung, die ganze Menschheit und ihre Geschichte als eine Einheit.

Sie lebten alle im ersten Jahrtausend, d. h. vor der großen Kirchenspaltung zwischen den Kirchen des Ostens und der des Westens. So gehören sie zum gemeinsamen Erbe der verschiedenen Konfessionen und sind für uns heute eine Aufforderung, die Gemeinschaft der ungeteilten Kirche zu leben.

Durch die Wiederentdeckung der Kirchenväter im 20. Jahrhundert öffnet sich uns ein Teil der christlichen Tradition. Obwohl in die Gedankenwelt ihrer Zeit eingebunden, berühren uns ihre Worte, weil sie Fragen aufgreifen, die sich jeder Glaubende stellt. Mit ihren oft erstaunlichen Antworten sind sie uns noch heute nahe und wir verstehen, dass es im Glauben eine Gemeinschaft gibt, die Jahrtausende überspannt. In ihr können wir einen Weg finden, aus der Frische des Glaubens zu leben und dort, wo wir sind, *der Welt Seele sein*, wie ein anonymer Glaubender im zweiten Jahrhundert schrieb.

Die Auswahl der Texte wurde von Brüdern der Communauté de Taizé so getroffen, dass sie trotz ihrer Knappheit eine Einführung in die Gedankenwelt der Kirchenväter darstellt und die Quellen des Glaubens freilegt.

Auf Auslassungen im Text wurde nicht eigens hingewiesen, um das Lesen zu erleichtern.

* * *

„Vor allem freuten ihn die alten Kirchenväter, die er in der Tegeler Hausbibliothek auftrieb."

Eberhard Bethge über Dietrich Bonhoeffer und dessen Zeit im Gefängnis vor seiner Hinrichtung am 9. April 1945.

„Die Kirchenväter, die auf großartige Weise das Neue bezeugt haben, das mit dem Christentum in die Welt gekommen ist."

Henri de Lubac (1896–1991), katholischer Theologe.

„Ich hatte Gott zunächst in den Menschen meines Heimatdorfs gesucht, später dann in Büchern und im Denken. Aber ich fand dabei weder Frieden noch Liebe. Eines Tages ging mir beim Lesen der Kirchenväter auf, dass ich im Gebet Gott wirklich begegnen kann."

Dimitriu Staniloae (1903–1993), rumänisch-orthodoxer Theologe, der wegen seines Glaubens fünf Jahre seines Lebens inhaftiert war.

Die Generation nach den Aposteln

Im ersten und zweiten Jahrhundert lebten die Christen in einer Welt, die dem Glauben an die Auferstehung und ihrer tätigen Nächstenliebe oft verständnislos gegenüberstand. Einige unter ihnen schonten selbst ihr Leben nicht und nahmen das Martyrium als Zeichen für die Liebe Christi auf sich.

Aus dem „Brief an Diognet"

Um das Jahr 200 schrieb ein Unbekannter an einen gewissen Diognet, um auf dessen Fragen bezüglich der Christen zu antworten: Die Christen sind wie die Seele der Welt.

Die Christen unterscheiden sich von anderen Menschen weder dadurch, dass sie in einem bestimmten Land leben, noch durch ihre Sprache oder ihre Sitten. Sie wohnen weder in eigenen Städten, noch sprechen sie eine besondere Mundart. Auch mit Kleidung, Ernährung und den Dingen des täglichen Bedarfs halten sie sich an das, was in ihrer Gegend üblich ist.

Und doch haben sie eine verwunderliche Haltung zum Leben, die vielen widersprüchlich vorkommt:

Sie wohnen in ihrer jeweiligen Heimat, aber wie Ausländer; sie nehmen an allem teil wie Bürger ihrer Stadt und bleiben doch Fremde; jedes fremde Land ist ihnen Heimat, und jede Heimat ist ihnen fremd. Sie heiraten wie alle anderen, zeugen und gebären Kinder, aber nehmen ihre Verantwortung für sie auch wirklich wahr. Sie teilen alle Dinge des täglichen Lebens, bewahren aber die Intimität ihrer Ehe. Sie leben in der Welt, passen sich aber der Welt nicht an. Sie leben auf der Erde, sind aber Bürger des Himmels. Sie gehorchen den geltenden Gesetzen und tun oft sogar mehr, als von ihnen verlangt ist. Sie tun allen Gutes und werden doch verfolgt. Man kann ihnen nichts vorwerfen, und sie werden dennoch verurteilt. Sie werden getötet und kommen zu neuem Leben. Sie sind arm und machen viele reich. An allem leiden sie Mangel und haben doch mehr als genug. Man schimpft über sie, doch das gereicht ihnen zur Ehre. Man lästert über sie, und doch werden sie gerechtgesprochen. Man greift sie an, und sie segnen.

In einem Wort: Was die Seele für den Leib ist, das sind die Christen für die Welt. Wie die Seele den ganzen Körper belebt, so leben die Christen in allen Städten der Welt. Man verfolgt sie, und sie werden von Tag zu Tag mehr. Gott hat sie auf einen so wichtigen Posten gestellt, dass es ihnen nicht erlaubt ist, sich einfach abzumelden. 1

Gott hat Christus, durch den er das All erschaffen hat, zu den Menschen geschickt. Doch
nicht, um mit Gewalt, Angst und Schrecken zu regieren; nein, um Milde und Sanftmut zu bringen.
Wie ein König, der seinen Sohn als König schickt,
hat Gott seinen göttlichen Sohn zu den Menschen
geschickt. Er hat ihn geschickt, um zu retten und
um Vertrauen zu wecken, und nicht um Gewalt aus-
zuüben. Gewalt ist nicht Gottes Art! Er hat seinen
Sohn geschickt, um uns zu rufen, nicht um uns an-
zuklagen; er hat ihn geschickt, um uns seine Liebe
zu zeigen, nicht um uns zu richten.   2

Ignatius von Antiochien

(† um 110 n. Chr.)

Ignatius, Bischof von Antiochien in Syrien, wurde als Gefangener nach Rom gebracht, wo er als Märtyrer starb.

Ich schreibe an alle Kirchen und erkläre, dass ich bereitwillig für Gott sterbe. Feuer und Kreuz, Rudel wilder Tiere, das Zerschlagen der Knochen, das Zerbrechen der Glieder, das Zermahlen des ganzen Leibes, die übelsten Plagen des Teufels mögen über mich kommen, wenn ich nur zu Jesus Christus gelange.

Meine Geburt rückt näher. Versteht mich, Brüder, und hindert mich nicht daran zu leben. Lasst mich das reine Licht empfangen. In seinem Schein werde ich Mensch sein. Erlaubt mir, die Leiden meines Gottes nachzuahmen. Wenn einer Christus in sich hat, wird er verstehen, was ich will, und er wird mit mir fühlen, da er weiß, was mich treibt.

Mein irdisches Streben ist gekreuzigt, und es gibt kein Feuer mehr in mir, das nach irdischen Dingen verlangt. Vielmehr ist lebendiges Wasser in mir, das leise in meinem Inneren spricht: „Komm zum Vater!" Ich sehne mich nach dem Brot Gottes, welches der Leib Jesu Christi ist, und als Trank will ich sein Blut, das unvergängliche Liebe ist.   3

Es ist besser, zu schweigen und zu sein, als zu reden und nicht zu sein; es ist gut, andere zu lehren, solange man selbst lebt, was man sagt. Christus ist unser Lehrer, von dem es heißt, dass er sprach und alles entstand (vgl. Joh 1,3); in aller Stille vollbrachte er, was der Absicht seines Vaters entsprach. Auf dieses Stillschweigen kann der hören, der das Wort Jesu in sich hat. Tun wir also alles so, wie wenn Christus in uns wohnte, damit wir sein Tempel sind und er in uns unser Gott ist: Denn so ist es, und so wird er sich uns offenbaren, wenn wir ihn lieben, wie er uns geliebt hat.   4

Mit eurem Zusammenspiel und dem Einklang eurer Liebe besingt ihr Jesus Christus. Zusammen sollt ihr einen Chor bilden, in dem eure Stimmen zusammenklingen; wenn ihr eins seid, nehmt ihr Gottes Ton auf und singt mit einer Stimme durch Jesus Christus dem Vater. Gott wird euch hören und am Guten, das ihr tut, erkennen, dass ihr zu seinem Sohn gehört. Ihr gewinnt, wenn ihr in Einheit eng zusammensteht. Denn so nehmt ihr Anteil an Gott.   5

Justin der Märtyrer

(† um 165 n. Chr.)

Justin lebte als Philosoph in Rom und starb als Märtyrer. Ihm ging es besonders um den Dialog mit Nichtchristen.

Mir kommt es so vor, als ob man bei allen Völkern Samenkörner der Wahrheit finden kann. Man hat uns überliefert, dass Christus der Erstgeborene Sohn Gottes ist: Er ist das Wort, der Logos, an dem die ganze Menschheit Anteil hat. Alle Menschen, die aus dem Wort leben, sind Christen – wie bei den Griechen einst Sokrates, Heraklit und andere –, selbst wenn man sie Gottlose nennt.   6

Am Sonntag kommen alle zusammen, gleich ob sie in der Stadt oder auf dem Land wohnen: Man nimmt sich Zeit, gemeinsam die Schriften der Apostel und die Schriften der Propheten zu lesen. Danach ergreift der Leiter der Gemeinde das Wort und ruft dazu auf, das Vorbild dieser Zeugen nachzuahmen; daraufhin erheben sich alle zum gemeinsamen Gebet. Nach diesem Gebet werden Brot, Wein und Wasser hergerichtet, und der Leiter der Gemeinde spricht mit seiner ganzen Kraft Dankgebete, auf die alle mit „Amen" antworten. Dann bekommt jeder etwas von den geweihten Gaben, und denen, die nicht dabei sein können, bringen es die Diakone nach Hause. Wer wohlhabend ist, gibt eine freiwillige Spende, immer soviel er will; das Gesammelte wird dem Leiter der Gemeinde übergeben, der damit Waisen, Witwen, Kranken oder sonstwie Bedürftigen, Gefangenen und Fremden, die auf der Durchreise sind, weiterhilft; so haben in ihm wirklich alle, die sich in Not befinden, einen Fürsorger.

Wir versammeln uns am Sonntag, da dies der erste Tag der Woche ist. An ihm schuf Gott die Welt, indem er das Dunkel und die Materie verwandelte; auch ist an diesem Tag Jesus Christus, unser Erlöser, von den Toten auferstanden. Am Freitag hatte man ihn gekreuzigt, und am Sonntag erschien er seinen Aposteln und Jüngern und hat sie gelehrt, was wir nun auch euch überliefern.   7

Die „Didache"

Die Apostellehre (griech. „Didache") wurde gegen Ende des 1. Jahrhunderts verfasst, also zur gleichen Zeit wie einige Schriften des Neuen Testamentes. In ihr finden wir ein Gebet zur Feier der Eucharistie:

Wie dieses Brot, das als Weizen auf den Feldern zerstreut war, zu einem Brot geworden ist, so möge auch deine Kirche, Herr, von den Enden der Erde in deinem Reich zusammengeführt werden. 8

Klemens von Rom

Bischof von Rom. Schrieb um das Jahr 96 einen Brief an die Christen in Korinth.

Warum gibt es unter euch Streit, Zorn, Entzweiungen, Spaltungen und Krieg? Haben wir nicht alle ein und denselben Gott, einen Christus und einen Geist der Gnade, der über uns ausgegossen ist? Haben wir nicht eine gemeinsame Berufung in Christus? Wozu zerren und reißen wir die Glieder Christi auseinander? Warum lehnen wir uns gegeneinander auf und vergessen dabei, dass wir als Glieder des einen Leibes zusammengehören?   9

Blandina von Lyon

(† um 177 n. Chr.)

Blandina erlitt um das Jahr 177 als junges Mädchen in Lyon das Martyrium. Wir wissen davon aus einem Brief der Kirchen von Vienne und Lyon an die Kirchen Kleinasiens.

Durch Blandina zeigte Christus, dass das, was bei den Menschen als wertlos, unansehnlich und verachtenswert gilt, bei Gott in hoher Ehre steht. Wir lieben, wenn wir unsere Liebe in die Tat umsetzen und nicht nur leere Worte machen.

Wir fürchteten alle, dass Blandina körperlich zu schwach sein würde, um für ihren Glauben einzustehen. Blandina aber wurde von einer solchen Kraft erfüllt, dass die, die sie den ganzen Tag hindurch abwechselnd auf alle möglichen Arten gefoltert hatten, selbst nicht mehr konnten und von ihr abließen. Es war ihnen unbegreiflich, dass diese noch atmete, war doch ihr ganzer Leib zerschunden und mit offenen Wunden übersät. Blandina aber, stark wie ein Kämpfer, der sich nicht schont, gewann aus ihrem Bekenntnis immer neue Kraft. Sie sagte mehrmals: „Ich bin Christin, und bei uns geschieht nichts Böses." Es war, als ob diese Worte sie jedes Mal aufs Neue stärkten und ihre Schmerzen linderten.

Daraufhin hängte man sie an einen Pfahl und ließ wilde Tiere auf sie los, damit diese sie zerfleischten. Sie war aber in Kreuzform aufgehängt und betete mit lauter Stimme, so dass sie denen, die mit ihr litten, Mut machte; sahen diese doch, inmitten ihres eigenen Todeskampfes, in ihrer Schwester Christus vor sich, der für sie alle gekreuzigt worden war. Das geschah, damit die Glaubenden erkennen, dass jeder, der um der Herrlichkeit Christi willen leidet, schon jetzt in der Gemeinschaft mit dem lebendigen Gott lebt.

Die zerschundenen Leichname der Märtyrer wurden öffentlich zur Schau gestellt und sechs Tage draußen liegen gelassen. Anschließend wurden sie von ihren Peinigern verbrannt und die Asche in die Rhône geworfen, die nahe vorbeifließt. Nichts auf der Erde sollte mehr an sie erinnern; als ob man Gott besiegen und die Auferstehung der Märtyrer verhindern könnte. Es hieß: „Sie sollen keine Hoffnung auf ihre Auferstehung haben, denn mit ihrem Glauben haben sie eine fremde und neue Religion bei uns eingeführt." 10

Polykarp von Smyrna

(ca. 80–160 n. Chr.)

Polykarp hatte den Apostel Johannes noch persön-
lich gekannt. Sehr jung wurde er bereits Bischof
von Smyrna (heute Izmir) in Kleinasien. Seinen Tod
als Märtyrer gab die Gemeinde von Smyrna mit
einem Brief bekannt:

Der Prokonsul bedrängte Polykarp mit den
Worten: „Schwöre ab, und ich lasse dich frei; ver-
höhne Christus!" Polykarp sagte: „Seit 86 Jahren
diene ich Christus, und er hat mir niemals Unrecht
getan; wie könnte ich meinem König lästern, der
mich erlöst hat?"

Als dieser ihn weiter bedrängte und immer wieder sagte: „Schwöre auf den Kaiser!", antwortete
Polykarp: „Wenn du dir einbildest, dass ich auf den
Kaiser schwöre, wie du verlangst, und weiterhin so
tust, als ob du nicht wüsstest, wer ich bin, dann
höre gut zu, wie ich in aller Offenheit bekenne: Ich
bin Christ!"

Während er dies sagte, war er voll Mut und
Freude, und sein Gesicht war wunderschön anzu-
schauen. Da wurde der Prokonsul zornig und ließ
seinen Herold im Stadion dreimal ausrufen: „Polykarp hat bekannt, Christ zu sein." Die ganze Menge
schrie rasend vor Wut: „Das ist der, der ganz Kleinasien verführt, der Vater der Christen, der Zerstö-
rer unserer Götter!" Gleich darauf brachte man

Brennholz und baute den Scheiterhaufen auf, und als man Polykarp oben darauf festnageln wollte, sagte dieser: „Lasst mich so! Der, der mich das Feuer ertragen lässt, wird mir auch ohne die Sicherheit eurer Nägel die Kraft geben, auszuharren." So nagelte man ihn nicht an, sondern band ihn nur fest.

Polykarp hob die Augen zum Himmel und sagte: „Herr Gott, Allmächtiger, du Vater deines geliebten und gesegneten Sohnes Jesus Christus, durch den wir dich erkennen, ich preise dich, weil du mich für würdig befunden hast, von diesem Tag und dieser Stunde an zur Schar der Märtyrer gezählt zu werden und am Kelch deines Christus teilzuhaben und so mit Leib und Seele zur Auferstehung in der Unvergänglichkeit des Lebens im Heiligen Geist zu gelangen. Amen." Als er das Amen zum Himmel gerufen und sein Gebet beendet hatte, zündete man den Scheiterhaufen an.

Später konnten wir die Reste seiner Gebeine, die uns wertvoller als Edelsteine und kostbarer als Gold sind, aufsammeln und sie an einem würdigen Ort beisetzen. Dort werden wir uns, so Gott will, am Jahrestag seines Martyriums, seinem eigentlichen Geburtstag, voller Freude versammeln. Dabei werden wir all derer gedenken, die vor uns den Kampf des Glaubens gekämpft haben, und uns darauf vorbereiten, dass andere ihm nachfolgen werden.   11

Irenäus von Lyon

(† um 202 n. Chr.)

Irenäus wurde in Kleinasien geboren, wo er noch Poly-karp, einen Schüler des Apostels Johannes, kennen ge-lernt hatte. Als er nach Lyon kam, fand er im Rhônetal bereits eine lebendige christliche Gemeinde vor. Nach dem Martyrium des Bischofs Pothinus im Jahre 177 wurde Irenäus dessen Nachfolger.

Christus ist nicht nur für die gekommen, die seit seinen Tagen zum Glauben an ihn gelangt sind. Auch möchte Gott, der Vater, nicht nur die retten, die heute leben, sondern alle Menschen, die seit Anbeginn der Welt in ihrer jeweiligen Zeit Gott ehr-fürchtig geliebt, sich ihrem Nächsten gegenüber ge-recht und achtungsvoll verhalten und sich danach gesehnt haben, Christus zu sehen und seine Stimme zu hören. 1

Christus, Gottes Hand, die uns am Anbeginn geschaffen hat und im Mutterleib gestaltet, hat uns, die wir verloren waren, nun aufgesucht. Er hat sein verlorenes Schaf wiedergefunden, es auf die Schul-tern genommen und voll Freude zur Herde des Le-bens zurückgebracht. 2

Das heilende Wort Gottes wurde den Menschen gleich und ließ sie zur Gemeinschaft mit Gott finden: So kamen die Menschen zum Heil. Der verlorene Mensch war ein Wesen aus Fleisch und Blut, denn Gott hatte ihn aus Erde vom Ackerboden geschaffen. Für ihn setzte Gott seinen Heilsplan in die Tat um und sandte Christus zu den Menschen. Folglich hatte Christus wirklich und nicht nur zum Schein Fleisch und Blut; er umfasst in sich die ursprüngliche Schöpfung des Vaters und machte sich auf die Suche nach dem, was verloren war.   3

Warum wäre Christus, das Wort Gottes, durch Maria auf die Welt gekommen, wenn er von ihr nichts angenommen hätte? Anders ausgedrückt: Wenn Christus von Maria, seiner leiblichen Mutter, nichts angenommen hätte, dann hätte er auch nichts gegessen, was von der Erde kommt. Und Johannes, sein Jünger, hätte nicht über ihn schreiben können: „Jesus war von der Reise müde und setzte sich an den Brunnen" (Joh 4,6). Auch hätte Christus dann nicht über Lazarus geweint und kein Blut geschwitzt: Alles, was uns Menschen ausmacht, hat Christus in sich aufgenommen und umfasst, um uns, seine eigenen Geschöpfe, zu retten.

Aus diesem Grund beschreibt der Evangelist Lukas den Stammbaum Jesu, der bis zu Adam zurückreicht, und verbindet so das Ende mit dem Anfang.

Er zeigt, dass Christus alle Völker seit Adam, sowie alle Sprachen und Generationen der Menschheit, ja Adam selbst, in sich umfasst. 4

Nur Christus, der „Mittler zwischen Gott und den Menschen" (1 Tim 2,5) war mit beiden – dem Schöpfer und seinem Geschöpf – vertraut und konnte die Freundschaft und Gemeinschaft zwischen beiden wiederherstellen. In Christus hat Gott den Menschen angenommen und der Mensch sich Gott hingegeben. Denn wie sonst hätte uns Gott an Kindes statt angenommen, wenn er uns nicht durch seinen eigenen Sohn zu seinen Kindern gemacht hätte? Wie wäre das möglich, wenn nicht sein Wort selbst sich uns mitgeteilt hätte, indem es Fleisch geworden ist (Joh 1,14); und zwar so konkret, dass Christus alle Lebensphasen eines Menschen durchmachte? Damit brachte er die ganze Menschheit zur Gemeinschaft mit Gott. Wenn er nur zum Schein gekommen wäre – etwa als rein geistiges Wesen –, und nicht als Mensch aus Fleisch und Blut, wäre sein Werk nicht wahrhaftig. Aber so wie er sich uns zeigte, war er auch: Gott hat in Christus sein ursprüngliches Schöpfungswerk, den Menschen, in sich selbst aufgenommen und umfasst, um so die Sünde zu töten und den Tod zu vernichten. Darum sind seine Werke wahrhaftig. 5

Die Herrlichkeit Gottes ist der
lebendige Mensch

Wer das Licht sieht, steht selbst im Licht und die Strahlen des Lichts fallen auf ihn. Ebenso steht, wer Gott sieht, vor Gott und sein Strahlen fällt auf ihn. Das Strahlen Gottes macht lebendig: Wer Gott sieht, empfängt dabei das Leben. Gott, der Unfassbare, Unbegreifliche und Unsichtbare macht sich für die Menschen sichtbar, begreifbar und fassbar, um den lebendig zu machen, der ihn aufnimmt und sieht. So wie seine Größe unerforschlich ist, ist auch die Güte unbeschreiblich, mit der er sich zu erkennen gibt und mit der er denen das Leben schenkt, die ihn schauen. Denn es ist unmöglich, lebendig zu sein, ohne am Leben selbst Anteil zu haben; Leben aber entsteht aus der Teilhabe an Gott; Teilhabe an Gott wiederum bedeutet, Gott zu schauen und seine Güte zu genießen.

Gottes Herrlichkeit ist der lebendige Mensch, und das Leben des Menschen ist Gott zu schauen. Wenn sich Gott bereits in der Schöpfung erkennen lässt und damit allen Geschöpfen auf Erden das Leben schenkt, wie viel mehr schenkt dann der Vater denen das Leben, die Gott dort erkennen, wo er sich durch Christus, sein Wort, offenbart.   6

Gott wird in seinem Geschöpf verherrlicht, insofern er dieses Geschöpf seinem Sohn gleichgestaltet und ihm ähnlich macht. Denn durch die beiden Hände des Vaters, das heißt durch den Sohn und den Geist, wird der ganze Mensch, und nicht nur ein Teil von ihm, Gott ähnlich. Seele und Geist gehören zwar zum Menschen, machen ihn aber noch nicht alleine aus. Der Mensch ist erst dort ganz, wo sich die Seele, die den Geist des Vaters in sich aufnimmt, auch mit dem Leib vereint. Diesen hat Gott nach seinem Abbild geschaffen.   7

Wenn es für den Leib des Menschen kein Heil geben sollte, dann hätte Christus nicht sein Blut vergossen, um uns zu erlösen; dann gäben wir mit dem Kelch der Eucharistie auch nicht sein Blut und mit dem Brot, das wir brechen, nicht seinen Leib weiter.

Wir sind aber Glieder dieses, seines Leibes und ernähren uns von den Gaben der Schöpfung, die Gott selbst uns anbietet. Darum hat Christus beim letzten Abendmahl den Kelch mit Wein – also etwas aus der Schöpfung – als sein eigenes Blut bezeichnet, durch das er uns stärkt. Darum hat er auch das Brot – wiederum etwas aus der Schöpfung – seinen eigenen Leib genannt, mit dem er unseren Leib stärkt.

Der gefüllte Kelch und das gebackene Brot nehmen das Wort Gottes auf und werden so zur Eucharistie des Blutes und Leibes Christi. Durch die Gabe der Eucharistie wird auch unser Leib gestärkt, so dass sie uns Leben schenkt.

Wie können also manche Leute behaupten, der Leib wäre vom ewigen Leben ausgeschlossen, das

Gott uns schenkt? Wird doch der menschliche Leib von Blut und Leib Christi genährt und hat Anteil an ihm! Es geht nicht um irgendein rein geistiges, unsichtbares Wesen, sondern wirklich um den Menschen, der aus Fleisch, Muskeln und Knochen besteht; ihn nährt Christus mit dem Kelch seines Blutes und mit dem Brot, das sein eigener Leib ist.   8

Der Satz Jesu „Wie oft wollte ich deine Kinder um mich sammeln, aber ihr habt nicht gewollt" (Mt 23,37) betont die menschliche Freiheit, dieses seit Alters her gültige Gesetz. Gott hat den Menschen als freies Wesen geschaffen, das immer schon zu eigener Entscheidung fähig war und das eine Seele besitzt. Deshalb kann der Mensch Gottes Ratschluss aus freien Stücken und ohne Zwang befolgen. Gott wendet niemals Gewalt an, vielmehr finden wir bei ihm stets guten Rat. Er gibt allen Menschen guten Rat, zugleich aber auch die Möglichkeit, sich für oder gegen ihn zu entscheiden.   9

Unerwartet neu

Der Geist Gottes kam auf Christus herab, der Gottes Sohn ist und Menschensohn wurde; mit Christus zusammen gewöhnte der Geist sich daran, bei den Menschen zu wohnen, in den Geschöpfen Gottes zu verweilen und in ihnen Wohnung zu nehmen. Er senkte den Willen des Vaters in sie ein und brachte sie dazu, das Alte hinter sich zu lassen und ein neues Leben mit Christus zu beginnen.

Christus versprach, den Tröster zu senden (vgl. Joh 15,26), in dem wir zu Gott gehören. Denn wie man aus trockenem Mehl ohne Wasser weder einen Teig machen noch Brot backen kann, so sind auch wir erst durch das Wasser, das vom Himmel kommt, ein Leib in Christus Jesus geworden.　　　10

Nicht du bist es, der Gott macht, sondern Gott erschafft dich. Du bist somit Gottes Geschöpf und kannst auf die Hand deines Schöpfers vertrauen. Seine Hand vollbringt alles zur rechten Zeit; das heißt zur rechten Zeit für dich, der wachsen soll. Halte also dein Herz geschmeidig und zur Verfügung deines Schöpfers. Bleibe weich und formbar, damit du nicht hart wirst wie trockener Ton, mit dem der Töpfer nichts mehr anfangen kann.　　11

Den Glauben, den wir von der Kirche empfangen haben, bewahren wir; wie ein kostbarer Schatz in einem guten Gefäß bleibt der Glaube in uns durch Gottes Geist allezeit frisch, und auch das Gefäß selbst wird vom Geist Gottes allezeit wie neu erhalten. Diese Gabe hat Gott der Kirche anvertraut, genauso wie er seinen Geschöpfen den Lebensatem geschenkt hat. Auf diese Weise empfangen alle das Leben. Durch den Heiligen Geist, das Geschenk Gottes an uns, haben wir an Christus Anteil. Er ist die Garantie unserer Unsterblichkeit. Er stärkt uns im Glauben und ist gleichzeitig die Leiter, über die wir uns Gott nähern. Wo die Kirche ist, da ist Gottes Geist; und wo der Geist Gottes ist, da ist die Kirche mit der Fülle der Gnade. 12

Origenes

(185–253/54 n. Chr.)

Der Märtyrertod seines Vaters hatte den jungen Origenes tief geprägt. Während der Christenverfolgung im Jahr 250 wurde er selbst gefoltert und starb an den Folgen der Misshandlungen. Sein Einfluss ging weit über seine Wirkungsstätten in Ägypten und Palästina hinaus und war für die spätere Theologie prägend.

„Mitten unter euch steht der, den ihr nicht kennt" (Joh 1,26). Mit diesen Worten preist Johannes der Täufer Christus, der alles übersteigt. Seine göttliche Macht ist so groß, dass er zur gleichen Zeit in jedem Menschen und auf der ganzen Welt unsichtbar gegenwärtig ist. 1

„Seht, das Lamm Gottes, das die Sünde der Welt hinwegnimmt!" (Joh 1,29). Dies heißt nicht, dass die Sünde erst später weggenommen wird, aber jetzt noch nicht; genauso wenig bedeutet es, dass sie zwar früher einmal weggenommen wurde, aber jetzt nicht mehr. Christus nimmt hier und heute einem jeden Menschen auf der Welt die Sünde weg, bis diese von der ganzen Welt getilgt ist. Dann übergibt er, der Erlöser, seinem Vater das Königreich, in dem es keine Sünde mehr gibt. 2

Gott trägt dich

Aus Mitleid mit den Menschen ist Christus auf die Erde gekommen. Bevor er das Kreuz trug, ja noch bevor er Fleisch annahm, hatte er unsere Leiden selbst erfahren. Denn hätte er nicht vorher gelitten, wäre er nicht gekommen, um unser Leben mit uns zu teilen. Zuerst hat er gelitten, dann ist er gekommen und ist den Menschen erschienen. Aber: Auf welche Weise hatte er vor seiner Menschwerdung für uns gelitten? Er litt für uns das Leiden der Liebe. Könnte denn der Vater und Gott der ganzen Welt „langmütig und reich an Güte" (Ps 103,8) sein, ohne dabei auf eine gewisse Art zu leiden? Weißt du nicht, dass er, wenn er sich um die Menschen kümmert, auch mit ihnen leidet? „Der Herr, dein Gott, hat dich auf dem ganzen Weg getragen, wie ein Vater seinen Sohn trägt" (Dtn 1,31). Das heißt, Gott erträgt unser Tun, genauso wie sein Sohn unser Leiden trägt. Auch der Vater selbst lässt sich vom Leiden der Menschen berühren. Wenn man zu ihm betet, erbarmt er sich und hat selbst dort Mitleid, wo wir es uns angesichts der Großartigkeit seines Wesens niemals vorstellen könnten. 3

Stufe für Stufe

So wie man im Tempel über Stufen zum Allerheiligsten emporstieg, so gelangen wir über

Christus, den eingeborenen Sohn Gottes, nach oben. So wie alle Stufen, eine nach der anderen, ganz nach oben führen, so verkörpert der Erlöser alle Stufen in sich. Auf der ersten und untersten Stufe sind wir bei seiner menschlichen Natur. Nachdem wir sie betreten haben, schreiten wir Stufe um Stufe fort; in Christus gehen wir hinauf bis zu Gott. 4

Je weiter wir in der Weisheit voranschreiten, umso besser verstehen wir, dass Christus selbst der Weg ist; um auf ihm zu gehen, muss man nichts mitnehmen, weder Gepäck noch Kleider, weder Wanderstab noch Schuhe an den Füßen. Dieser Weg selbst versorgt uns mit allem, was wir brauchen. 5

Das Wort Gottes ist in Christus Mensch geworden; dadurch konnte es sterben, und sein Blut konnte auf die Erde fließen, als der Soldat in seine Seite stieß. Das Wort Gottes leidet!

Und sollten wir eines Tages zur höchstmöglichen Betrachtung des Wortes Gottes und der Wahrheit gelangen, dann wollen wir nicht vergessen, dass es die Wahrheit selbst war, die uns zu sich geführt hat, indem sie unseren menschlichen Leib annahm. 6

Als Glaubende sehen wir, dass in Jesus die göttliche und die menschliche Natur gemeinsam erschienen sind. So sollte unsere menschliche Natur durch die Gemeinschaft mit der göttlichen selbst göttlich werden.[1] Das geschah nicht nur in Jesus, sondern geschieht in allen Menschen, die ein Leben im Glauben beginnen, wie Jesus es gelehrt hat; ein Leben, das uns zur Freundschaft mit Gott und zu vertrauter Nähe mit Jesus führt.   7

Selig, wer zu jeder Zeit sein Leben von Gott bekommt! Ich sage nämlich nicht, dass ein Gerechter sein Leben nur einmal von Gott bekommt, sondern stets aufs Neue. Bei jeder guten Tat schenkt Gott dem Gerechten neu das Leben. Genauso wie der Erlöser jederzeit sein Leben vom Vater empfängt, so auch du, wenn du im „Geist des Kindseins" lebst. Gott gibt dir in Christus das Leben in jedem Augenblick neu, bei jedem Werk und jedem Gedanken. Auf diese Weise schenkt dir Gott in Christus Jesus ständig das Leben.   8

---

[1] Vom Neuen Testament (2 Petrus 1,4) ausgehend, haben die Kirchenväter nicht gezögert zu sagen, dass der Mensch dazu berufen ist, an der göttlichen Natur Anteil zu haben. Dies wird Vergöttlichung (Théosis) genannt.

Wie die Kirche, ist auch jeder Mensch von Natur aus ein Tempel Gottes, geschaffen, um die Herrlichkeit Gottes in sich aufzunehmen.   9

Die Quelle freilegen

In jedem von uns liegt ein Brunnen lebendigen Wassers, den wir wie ein verborgenes Abbild Gottes in uns tragen. Nur haben widrige Mächte diesen Brunnen mit Erde zugeschüttet. Jetzt aber kommt unser Isaak[2], und wir wollen ihn bei uns aufnehmen; wir wollen unsere Brunnen freilegen und die Erde aus ihnen herausschaufeln. Dann werden wir in ihnen lebendiges Wasser finden, wie Christus sagt: „Wer an mich glaubt, aus dessen Innerem werden Ströme lebendigen Wassers fließen" (Joh 7,38).

Das Wort Gottes ist gegenwärtig; es entfernt selbst die Erde aus der Seele eines jeden von euch und legt deine Quelle frei. Diese Quelle ist bereits in dir und kommt nicht von außen, wie auch „das Reich Gottes in dir ist" (vgl. Lk 17,21). Genauso war es bei der Frau, die eine Drachme verlor: Sie fand sie nicht draußen wieder, sondern in ihrem Haus, nachdem sie die Lampe angezündet und ihr Haus aufgeräumt hatte (vgl. Lk 15,8). Wenn du also deine

---

[2] Vgl. Gen 26,15–25: Isaak musste die Brunnen, die einst sein Vater Abraham gegraben hatte, wieder freilegen, weil die Philister sie mit Erde zugeschüttet hatten.

Lampe anzündest, wenn du das Strahlen des heiligen Geistes in dir wirken lässt und „in seinem Licht das Licht siehst" (vgl. Ps 36,10), dann wirst du die Drachme in dir finden.

Das Bild des himmlischen Königs ist in dir aufgestellt. Denn als Gott am Anfang den Menschen schuf, da schuf er ihn „als sein Abbild" (Gen 1,27); und dieses Abbild stellte er seinem Geschöpf nicht gegenüber, sondern in dessen Inneres. Lass dieses Bild des Himmlischen in dir neu erstrahlen! Der Sohn Gottes ist der Künstler, der dieses Bild geschaffen hat. Und weil er der Schöpfer ist, kann sein Bild zwar durch Unachtsamkeit verschmutzt, nicht aber durch bösen Willen zerstört werden. Das Abbild Gottes bleibt immer in dir.   10

Die Bibel: nur Worte?

Wie eine Quelle ohne unser Zutun fließt, wie sie dem Dürstenden fließendes Wasser schenkt und nie versiegt, so sprudelt auch die Heilige Schrift ohne Unterlass; in ihr schenkt sich Gott denen, die Durst haben, ohne dass sie etwas dafür tun müssten.   11

Je weiter wir beim Lesen der Heiligen Schrift kommen, desto mehr tun sich vor uns heilige Geheimnisse auf. Es ist, wie wenn jemand mit einem kleinen Boot aufs Meer hinausfährt: In der Nähe des Ufers hat er noch keine Angst; sobald er aber aufs offene Meer kommt und durch hohe Wellen bald in die Höhe gehoben und gleich darauf in die Tiefe gezogen wird, wird ihm angst und bange, weil er meint, sein Schiff sei für solchen Seegang zu klein. So kann es auch uns gehen, wenn wir uns aufs weite Meer der Geheimnisse hinauswagen. Alles, was geschieht, ist heiliges Geheimnis.   12

Wahrlich! Bevor Jesus in die Welt kam, war die Heilige Schrift Wasser; mit Jesus ist sie für uns zu Wein geworden.   13

Indem wir Christi Wort in uns bewahren (vgl. Joh 8,51), bewahren wir auch das Leben in uns, das unmittelbar von ihm ausgeht; dieses Leben ist das „Licht der Menschen" (Joh 1,4).   14

Das Wort Gottes ist mit keinem anderen Wort vergleichbar. Niemand sonst hat „lebendige" Worte, und kein anderes Wort ist Gott.   15

Zugang zum Geheimnis Gottes

Um die heilige Schrift zu verstehen, müssen wir uns nicht nur mit Freude in sie vertiefen, sondern auch zu Gott beten und ihn bei Tag und Nacht anflehen, dass Christus, das „Lamm aus dem Stamme Juda", selbst kommen möge, um uns das „versiegelte Buch" zu entschlüsseln (vgl. Offb 5,4–10). Er selbst erschließt uns die Schrift, so wie er Feuer in die Herzen der Jünger gelegt hatte, und diese sagten: „Brannte uns nicht das Herz in der Brust, als er uns den Sinn der Schrift erschloss?" (Lk 24,32). 16

Wer die Worte der Propheten aufmerksam liest, wird eine tiefe Begeisterung spüren; das wird ihn davon überzeugen, dass die uns anvertrauten Worte kein menschliches Schriftwerk sind, sondern von Gott stammen. 17

Auf den ersten Blick erscheint das Gesetz und die Propheten – d. h. das Alte Testament – recht bitter und als eine harte Last: Es geht in ihm um die Beschneidung des Fleisches, um Anweisungen zum Opfern und vieles mehr, was später „tötender Buchstabe" (2 Kor 3,6) genannt wird. Das alles wirf weg wie die bittere Hülle einer Nuss! Unter ihr wirst du zur schützenden Schale kommen, die über ethische Lehren und maßvolle Lebensführung spricht. Sie ist zwar zum Schutz des Kerns notwendig, aber du musst sie aufbrechen. Dann wirst du entdecken, was in diesen Hüllen steckt, d. h. den Sinn in den Geheimnissen der Weisheit und der Erkenntnis Gottes. Dieser Sinn ist für uns Christen Nahrung und Erfrischung, in diesem und im kommenden Leben. 18

Man darf soweit gehen zu sagen, dass die Evangelien unter allen Büchern der Bibel den ersten Rang einnehmen, und unter den Evangelien wiederum das des Johannes. Seine Bedeutung kann kaum jemand erfassen, der nicht selbst an der Brust Jesu geruht hatte und dem nicht Jesus selbst Maria als seine eigene Mutter anvertraut hat. Wer ein zweiter Johannes werden will, der muss sich, genau wie Johannes, von Jesus selbst „Jesus" nennen lassen. Denn Jesus sagte zu seiner Mutter: „Siehe, dein Sohn!" (Joh 19,26) und nicht: „Siehe, auch er ist dein Sohn!"

Es ist, als ob er über Johannes gesagt hätte: „Siehe, er ist Jesus, den du geboren hast." In der Tat lebt kein Christ mehr für sich selbst, sondern Christus lebt in ihm (vgl. Gal 2,20). Weil also Christus in Johannes lebt, sagt Jesus über ihn zu Maria: „Siehe, Christus, dein Sohn!" 19

„Jubelt Gott zu, er ist unsere Zuflucht; jauchzt dem Gott Jakobs zu!" (Ps 81,2).

Auch wenn du nicht weißt, wie du Gott danken sollst, so juble dennoch mit der klaren Stimme deines Herzens und lass es in deinem Inneren schon singen. Auf diese Weise bleibst du nicht bei deinem unbeholfenen Reden stehen und drückst Dinge aus, die man mit Worten nicht sagen kann.

Denn du jubelst dem Gott Jakobs zu, wenn dein Sprechen verstummt und du über das Wohlformulierte hinausgehst. So ist es schließlich nur dein Geist, der Gott besingt, auch wenn er nicht weiß, wie er in Worte fassen soll, was in ihm vorgeht, und wenn er merkt, dass dein Sprechen das Geheime und Göttliche im Geist nicht recht ausdrücken kann. 20

Basilius von Caesarea

(ca. 329–379 n. Chr.)

Nach seinem Studium in Athen und Konstantinopel lebte Basilius unter Mönchen in Syrien, Mesopotamien und Ägypten. Später gründete er selbst ein Kloster und verfasste eine der ersten Regeln für das Leben einer christlichen Gemeinschaft. Im Jahre 370 wurde er Bischof von Caesarea in Kappadozien (Kleinasien). Wie sein Freund Gregor von Nazianz bemühte er sich, den christlichen Glauben noch tiefer zu durchdenken. Daneben engagierte er sich in seiner Umgebung für mehr soziale Gerechtigkeit.

Teile der ostkirchlichen Liturgie gehen auf Basilius zurück.

Wir erkennen Gott an dem, was er bewirkt, können aber nicht behaupten, dass wir ihm auch selbst näherkommen. In seinen Werken ist Gott uns hier auf Erden nahe, sein Wesen aber bleibt uns unzugänglich. 1

Gott auf Erden, Gott unter den Menschen: nicht im Feuer, oder bei Trompetenschall auf dem rauchenden Berg oder bei Finsternis und Sturm, so wie damals, als Gott den Menschen das Gesetz gab (vgl. Ex 19,16–19). Nein: als Mensch, der mild und freundlich auftritt und mit den Menschen wie mit

43

seinesgleichen spricht. Gott im menschlichen Leib:
nicht mehr so, dass er aus der Ferne handelt, wie
bei den Propheten, sondern indem er das Wesen des
Menschen annimmt und sich so mit den Menschen
vereint. Von jetzt an ist unser Leib mit Gott ver-
wandt, wodurch er die ganze Menschheit zu sich
hinaufführt.

Die Frage, die sich stellt, ist berechtigt: Wie
konnte das Licht durch einen einzigen Menschen zu
allen kommen? Auf welche Weise ist Gott im Menschen anwesend? Ich würde darauf Folgendes antworten: So wie das Feuer im Eisen anwesend ist!
Das heißt, Gott gibt etwas von sich her, ohne sich
zu verändern. Das Feuer verliert sich nicht ins
Eisen, sondern bleibt, wo es ist, und gibt dem Eisen
von seiner Kraft, ohne dadurch schwächer zu werden. In gleicher Weise hat das Wort Gott nicht verlassen und trotzdem unter uns gewohnt.   2

Der Heilige Geist macht uns mit Gott vertraut

Der Geist ist Christus auf seinem Weg in die
Welt vorausgegangen und Christi Leben auf der
Erde ist ohne den Geist nicht vorstellbar. Seine
Wunder und Heilungen kamen vom Heiligen Geist.
Böse Geister wurden vom Geist Gottes ausgetrieben
und der Teufel mit seiner Hilfe überwältigt. Durch
die Gnade des Geistes wurden uns die Sünden ver-
geben: „Ihr seid reingewaschen und geheiligt wor-

den im Namen unseres Herrn Jesus Christus und im Heiligen Geist" (vgl. 1 Kor 6,11).

Der Heilige Geist macht uns mit Gott vertraut: „Gott sandte den Geist seines Sohnes in unser Herz, den Geist, der ruft: Abba, Vater" (Gal 4,6). Und durch den Geist werden wir von den Toten auferstehen: „Du sendest deinen Geist aus, so werden sie alle erschaffen, und du erneuerst das Antlitz der Erde" (Ps 104,30).   3

D er Sohn, durch den alles geworden ist, ist aus dem Vater. Gleichzeitig kann man sich den Sohn nicht vom Heiligen Geist getrennt vorstellen; denn ohne das Licht des Heiligen Geistes könnten wir den Sohn nicht verstehen. Auch alle Gaben der Schöpfung stammen vom Heiligen Geist. Er tritt immer mit dem Sohn zusammen auf, er geht aus dem Vater hervor und hat aus ihm sein Wesen.   4

Der Tanz mit den Engeln

D er Heilige Geist öffnet unsere Herzen für Gott und nimmt die Schwachen bei der Hand; er führt die zum Ziel, die auf dem Weg sind. Mit seinen reinigenden Strahlen schenkt der Geist den Menschen Erleuchtung und Gemeinschaft mit ihm, so dass sie aus ihm leben.

Wie helle, transparente Körper aus sich heraus zu leuchten beginnen, wenn Licht auf sie fällt, so geben Menschen, die den Heiligen Geist in sich tragen und von ihm erleuchtet sind, anderen die Gnade weiter, in Gemeinschaft mit dem Geist zu leben. Dann lässt der Geist uns Zukünftiges voraussehen, Geheimnisse verstehen und die Gnade weitergeben, Bürger des Himmels zu werden und mit den Engeln zu tanzen. So können wir uns ohne Ende freuen und bei Gott sein, um ihm immer ähnlicher zu werden und das Höchste zu erlangen, das man sich vorstellen kann: Gott zu werden.[3]   5

Nichts wird uns Geschöpfen geschenkt, ohne dass der Heilige Geist es uns gibt.   6

Mit Gott verbunden in der Eucharistie ...

Es ist gut, täglich die Kommunion zu empfangen und am heiligen Leib und Blut Christi teilzuhaben, weil Christus ja selbst sagte: „Wer mein Fleisch isst und mein Blut trinkt, hat das ewige Leben" (Joh 6,54). Wer würde bezweifeln, dass uns die häufige Teilhabe am Leben zur Fülle des Lebens führt? Bei uns geht man viermal in der Woche zur Kommunion: am Sonntag, am Mittwoch, am Freitag und am Samstag, ferner an den Tagen, an denen wir im Besonderen eines heiligen Zeugen gedenken.

---

[3] Siehe Anmerkung Seite 36.

Wenn man in Notzeiten gezwungen ist, sich die Kommunion selbst zu nehmen, weil kein Priester oder Diakon verfügbar ist, ist das nicht schlimm und bedarf keiner weiteren Rechtfertigung; wir praktizieren dies schon so lange, dass es nicht mehr in Frage steht. In Alexandrien und in Ägypten bewahren die Gläubigen die Kommunion oft sogar zu Hause auf und empfangen sie, wann sie wollen. Man kann bei der Feier des Opfers die Kommunion aus der Hand des Priesters für mehrere Tage im Voraus empfangen, wenn man sich täglich im Glauben vergegenwärtigt, dass man sie jedes Mal von Neuem aus der Hand dessen empfängt, der sie einem gegeben hatte. In der Kirche empfängt man die Kommunion ja auch aus der Hand des Priesters und nimmt sie in aller Freiheit entgegen, um sie mit der eigenen Hand zum Mund zu führen. 7

... und in der Barmherzigkeit

„Ihr sollt vollkommen sein, wie es auch euer himmlischer Vater ist" (Mt 5,48). Hier siehst du, was Christus uns aufträgt, damit wir Gott ähnlich werden. „Er lässt seine Sonne aufgehen über Bösen und Guten, und er lässt regnen über Gerechte und Ungerechte" (Mt 5,45). Wenn du das Böse hasst, das Schlechte vergisst und nicht mehr an die Feindschaft von gestern denkst, wenn du deinen Bruder liebst und zu ihm barmherzig bist, dann bist du Gott bereits ähnlich geworden. Wenn du deinem

Feind aus ganzem Herzen vergibst, dann bist du Gott ähnlich geworden. Und wenn du dich deinem Bruder gegenüber, der sich gegen dich verfehlt hat, so verhältst, wie Gott sich dir gegenüber verhält, der du selbst Sünder bist, dann bist du durch dein Erbarmen mit dem Nächsten Gott ähnlich geworden.

Als vernunftbegabtes Wesen bist du bereits ein Abbild Gottes; darüber hinaus sollst du ihm ähnlich werden, indem du gütig bist. Suche nach Barmherzigkeit und Güte, um Christus wie ein Gewand anzulegen. Dein Entschluss, barmherzig zu handeln, überkleidet dich mit Christus; und durch die Vertrautheit mit ihm wirst du mit Gott vertraut. So möchte die Schöpfungsgeschichte dem Menschen einen Weg zeigen, wenn es in ihr heißt: „Lasst uns einen Menschen machen als unser Abbild." Als Geschöpf soll jeder Mensch Abbild Gottes sein und ihm dann auch ähnlich werden; Gott hat dem Menschen alles gegeben, was er dazu braucht. 8

Gregor von Nazianz

(330–389/90 n. Chr.)

Gregor stammte wie sein Freund Basilius aus einer angese-
henen christlichen Familie in Kappadozien. Er studierte mit
ihm in Athen und war einer der geistig lebendigsten und auf-
geschlossensten Menschen seiner Zeit. Er setzte sich rück-
haltlos für die Einheit des Glaubens unter den Christen ein.

O du, der alles überragt, wie könnte man dich besingen?

Wie könnten Worte dich loben, dich, bei dem alle Worte versagen?

Wie kann unser Verstand dich schauen, dich, den kein Verstehen je erfasst?

Du allein bist unbeschreiblich, denn was wir in Worte fassen, es ist dein Werk.

Du allein bist unbegreiflich, denn was man begreift, stammt ja von dir.

Jedes Wesen jubelt dir zu, und sei es, ohne zu sprechen.

Jedes Wesen lobt dich, ob es denken kann oder nicht.

Allen gemeinsam ist die Sehnsucht, sie seufzen nach dir,

Und jeder Mensch, der den Willen deiner Liebe begreift, singt dir ein stilles Lied. 1

Mit den Sinnen erfassen,
was die Sinne übersteigt

So wie niemand, auch wenn er sich noch so anstrengt, seinem Schatten davonlaufen kann – denn so schnell er auch läuft, sein Schatten holt ihn doch ein; so wie das Auge ohne Licht und Luft nichts sieht und Fische außerhalb des Wassers nicht schwimmen können, genauso wenig können wir unseren Körper verlassen, um mit der Welt des Geistigen in Verbindung zu treten.

Jeder Mensch möchte Gott erkennen und erfahren, wer die Ursache von allem ist; nur kommt er dabei – aus besagten Gründen – nicht weit. Erschöpft, weil er schließlich nur noch um sich selber kreist, aber gleichzeitig unfähig ist, sich seinen Fehlschlag einzugestehen, macht der Mensch einen zweiten Versuch: Er wendet sich dem Sichtbaren zu und macht einen Gegenstand zu seinem Gott. Dies kann freilich nur in die Irre führen, denn was wäre auf der Welt größer und Gott ähnlicher als der Mensch selbst, der den Gegenstand vor sich hat; außerdem: Können Gegenstände überhaupt verehrt werden?

Auf dem richtigen Weg ist der Mensch dort, wo er beginnt, Gott in der Schönheit und der Ordnung des Sichtbaren zu erkennen. Das Sichtbare ist wie ein Wegweiser zu dem, was sich unserem Sehen entzieht, solange wir nur die Gegenwart Gottes in der Herrlichkeit des Sichtbaren nicht vergessen. 2

Was Christus von Ewigkeit her war, ist er über seine Menschwerdung hinaus geblieben; und was er noch nicht war, nämlich Mensch, das ist er geworden. Christus ist ohne Anfang und Ursache, denn wer wäre die Ursache Gottes? Erst seine Menschwerdung hatte eine Ursache: Er wurde Mensch, um dich zu retten; er hat sich mit dem Menschen verbunden. Seither sind Mensch und Gott nicht mehr getrennt, sie sind eins geworden. Das Bessere hat gesiegt, damit ich wirklich Gott werde, so wie er Mensch geworden ist.[4]

Man wickelte ihn zwar in Windeln, aber als er sich aus dem Grab erhob, nahm er sich das Leichentuch selbst ab. Man legte ihn zwar in eine Krippe, aber Engel verherrlichten ihn, ein Stern kündigte ihn an, und Weise kamen, ihn anzubeten. Er wurde als Mensch in Versuchung geführt, hat aber als Gott die Welt besiegt und ruft uns auf, ihm zu vertrauen. Er hatte Hunger, hat aber Tausenden Nahrung gegeben, er, das lebensspendende, das himmlische Brot. Er hatte Durst, hat aber gerufen: „Wer Durst hat, der komme zu mir und trinke", und hat verheißen, dass die Glaubenden selbst zu Quellen lebendigen Wassers werden (vgl. Joh 7,37f). Er war müde, hat aber selbst den Müden und Beladenen Ruhe verschafft (vgl. Mt 11,28). Wie ein Schaf führte man ihn zum

---

[4] Vgl. Anmerkung auf S. 36.

Schlachten, er aber weidet Israel, und jetzt die ganze Welt. Er war wie ein Lamm ohne Stimme, ist aber selbst das Wort, angekündigt von der Stimme dessen, der in der Wüste ruft. Er litt und wurde verwundet, heilt aber alle Krankheit und jedes Leid. Er wurde am Holz des Kreuzes erhöht und an ihm festgenagelt, aber als Baum des Lebens stellt er uns wieder her und rettet sogar den Verbrecher, der an seiner Seite gekreuzigt wurde. Er starb, macht aber lebendig und hat durch seinen Tod den Tod besiegt. Er wurde begraben, ist aber von den Toten wieder auferstanden. Er stieg in die Unterwelt hinab und bringt die Toten von dort wieder herauf. Er ist in den Himmel hinaufgestiegen und wird kommen, zu richten die Lebenden und die Toten. 3

„Christus hat die befreit, die durch die Furcht vor dem Tod ihr Leben lang der Knechtschaft verfallen waren" (Hebr 2,15).

In der Gestalt eines Sklaven steigt er zu seinen Mitsklaven herab. Er nimmt eine fremde Gestalt an und trägt mich in sich, mit allem, was zu mir gehört, um das Böse in mir zu verzehren, wie Feuer das Wachs verzehrt, oder wie die Sonne den Nebel vertreibt. So kann ich mit ihm verbunden bleiben und an ihm teilhaben. 4

Ich muss nun auf etwas eingehen, was oft übergangen wird, meiner Ansicht nach aber gründliches Nachdenken verdient. Es geht um das „für uns vergossene Blut" (vgl. Lk 22,20), das wertvolle und verehrte Blut Gottes, des Hohenpriesters und Opfers zugleich. Für wen und warum wurde es vergossen?

Der Teufel hatte uns in seiner Gewalt, und wir hatten Lust am Bösen. Wenn aber das Lösegeld nun dem gezahlt wird, der uns gefangenhält, dann frage ich mich: Wem wurde das Blut Christi geopfert, und aus welchem Grund? Falls es dem Teufel dargebracht wurde, wie furchtbar! Der Räuber hätte damit nicht nur ein Lösegeld von Gott, sondern Gott selbst als Lösegeld bekommen; ein so horrender Preis, dass er dafür auch uns hätte freilassen müssen. Wenn dieses Lösegeld aber dem Vater gezahlt wird, dann fragt man sich: warum? Gott beherrscht uns doch nicht; und fragt sich dann weiter: Warum hätte der Vater das Blut seines eingeborenen Sohnes gefordert, wenn er nicht einmal den kleinen Isaak annahm, als ihn sein Vater opferte, und an seine Stelle einen Widder legen ließ (vgl. Gen 22)?

Es wird also deutlich, dass der Vater das Opfer seines Sohnes nicht deswegen annimmt, weil er es gefordert hätte oder weil er es bräuchte, sondern weil er die Menschen nur auf diese Weise retten konnte: Der Mensch musste durch Gottes Menschsein geheiligt werden. Gott selbst musste uns dem

Tyrannen entreißen und über ihn triumphieren, um uns auf diese Weise zu sich zu führen. Der Sohn war dabei der Mittler, der immer dem Vater vertraut, damit dieser in allem verherrlicht wird. Alles Weitere betrachte man in stiller Anbetung.

Damit wir leben, ist Gott Mensch geworden und wurde für uns getötet. Mit nichts kann ich das Wunder meiner Rettung vergleichen: Einige Tropfen Blut lassen die ganze Welt neu erstehen.   5

Frei und unbefangen vor dem Vater

„Wir haben Jesus zum Anwalt" (vgl. 1 Joh 2,1). Das heißt nicht, dass Jesus sich für uns vor dem Vater erniedrigen oder sich gar vor ihm niederwerfen würde – vertreib einen derart knechtischen und den Geist entwürdigenden Gedanken! So etwas würde der Vater nie fordern und der Sohn nicht dulden; sollte man so von Gott denken? Nein, weil Christus als Mensch gelitten hat, kann er mich durch sein Wort und seinen guten Rat dazu bringen, standhaft zu sein. Dies bedeutet für mich, dass er unser Anwalt ist.   6

„Vater" ist weder der Name eines Wesens noch die Bezeichnung einer bestimmten Handlung, sondern der Name einer Beziehung, der Ausdruck dafür, dass beide wie Vater und Sohn zueinander stehen. Wie dieses Wort nämlich unter Menschen die Bindung innerhalb einer Familie bezeichnet, so beschreibt es in Gott, dass der, der gezeugt wurde, zusammen mit dem Zeugenden eines Wesens ist. 7

An Gott zu denken ist wichtiger als zu atmen; eigentlich sollten wir nichts anderes tun. Ich liebe das Wort, das uns nahelegt, uns Tag und Nacht darum zu bemühen (vgl. Ps 1,2). Wir sollen den Herrn am Abend, am Morgen und am Mittag anrufen und ihn allezeit preisen. Was immer du auch tust, „wenn du dich – wie Mose sagt – schlafen legst und wenn du aufstehst" und wenn du auf Reisen gehst (vgl. Dtn 6,7), dein Gedanke an Gott bewahrt die Reinheit in dir. 8

Ehe und Ehelosigkeit

Was sonst bringt Getrenntes so nahe zusammen wie die Ehe – zumindest im Leben hier auf Erden?

Wir sind einander Hände, Ohren und Füße, und in einer solchen Verbundenheit gibt die Ehe doppelte Kraft; und es ist eine Freude, sie zu sehen. Geteilte Sorgen erleichtern den Kummer, geteilte Freuden sind für beide noch beglückender. Die Ehe ist das Siegel unverbrüchlicher Zuneigung. Beide sind eins im Fleisch und im Geist, und durch ihre Sehnsucht nacheinander spornen sie sich gegenseitig in ihrer Gottesverehrung an. Denn die Ehe führt nicht von Gott weg, sondern vielmehr zu ihm hin, weil Gott selbst das Verlangen nach dem Anderen in uns gelegt hat.

Mögen die anderen die Freuden dieses Lebens genießen! Für mich selbst gibt es nur einen Gedanken, der mich leitet: dass ich voll Zuneigung von hier zu Gott im Himmel, dem Schöpfer des Lichts, aufbreche. Mit ihm allein bin ich in Liebe verbunden. 9

Hab keine Furcht, dich den Armen zu öffnen

Wir alle sind arm und hungern nach der Gnade Gottes. Dies ist wahr, auch wenn wir bisweilen den Eindruck haben, dass die anderen uns überlegen sind. Seht, es gibt einen Weg, die Armen zu lieben, nicht indem wir lediglich das Nötigste von uns geben, sondern aus Begeisterung, mit der wir das Reich Gottes gewinnen.

Wir müssen uns allen Armen und Unglücklichen öffnen, gleich aus welchen Gründen sie in Not geraten sind. Heißt es doch: „Freut euch mit den Fröhlichen und weint mit den Weinenden" (Röm 12,15). Sind wir nicht Menschen wie sie? Schenkt ihnen also die Liebe, die sie brauchen, weil sie entweder verwitwet oder verwaist sind, weil sie aus ihrer Heimat verbannt wurden oder unter der Grausamkeit ihrer Herren leiden, weil sie willkürlichen Beamten, unmenschlichen Steuereintreibern, blutgierigen Räubern oder habgierigen Dieben ausgeliefert sind; weil man ihnen alles genommen hat oder weil ihre Existenzgrundlage in die Brüche gegangen ist. Sie alle verdienen unsere Barmherzigkeit und schauen erwartungsvoll auf unsere Hände, so wie wir bittend auf die Hände Gottes blicken.

Manche leiden nur unter vorübergehender Armut. Hier können Zeit, Arbeit, Freunde, Familienangehörige oder eine Veränderung der äußeren Umstände helfen. Aber bei Menschen, die am Aussatz leiden, wird das Unglück ständig schlimmer, denn sie können nicht mehr arbeiten und sich nicht mehr selbst versorgen. Sie leben weit unterhalb der Armutsgrenze, und ihre Angst vor der Krankheit ist größer als die Hoffnung auf Besserung, die für viele sonst das letzte Heilmittel ist. Zur Armut kommt noch ihr Aussatz hinzu, der so schlimm ist, dass er den Leuten wie ein böser Fluch vorkommt. Am schlimmsten aber ist, dass die Leute nicht in ihre Nähe kommen und sie nicht einmal sehen wollen, sondern ihnen aus dem Weg gehen und sie verabscheuen, als müsste man sich vor ihnen ekeln. Dies ist für die Betroffenen noch schwerer zu ertragen als die Krankheit selbst, weil sie merken, dass sie mit ihrem Schicksal auch noch gehasst werden. Wenn ich ihr Leid sehe, kommen mir die Tränen, und es zerreißt mir das Herz, wenn ich an sie denke.

Lasst euch genauso berühren, damit ihr durch diese Tränen andere Tränen vermeidet. Ihr seid aber sicher Freunde Christi und der Armen und habt göttliches Erbarmen, das von Gott kommt. Außerdem, seid ihr nicht selbst Zeugen ihres Leidens?

Die Aussätzigen werden aus den Städten vertrieben, aus ihren Häusern, von den Marktplätzen, den

Straßen, aus den Versammlungen, den Festlichkeiten und Gelagen, und – welche Not! – man lässt sie nicht einmal ans Wasser: Weder aus Quellen, die eigentlich allen gehören, noch aus den Flüssen dürfen sie Wasser schöpfen, weil jeder Angst hat, sich anzustecken.

Das Ungeheuerlichste aber ist: Wir jagen sie wie Verbrecher weg und zwingen sie, als Bettler wieder zurückzukommen. Uns ist gleichgültig, wo sie Unterschlupf finden, wo sie etwas zu essen bekommen und wer ihre Wunden pflegt. Auch interessiert uns nicht, wer ihnen etwas zum Anziehen gibt. So irren sie Tag und Nacht umher, in allem von anderen abhängig, ohne Kleider, ohne festes Dach über dem Kopf. Um Mitleid zu erwecken, zeigen sie ihre Verstümmelungen her und erzählen immer wieder die gleichen Geschichten. Dabei führen sie ständig den Namen des Schöpfers im Mund; sie stützen sich gegenseitig beim Gehen, um die mitzuschleppen, die keine Beine mehr haben. Sie singen selbsterfundene Lieder und betteln mit ihnen um Brot, ein Stück Fleisch oder alte Stofffetzen, mit denen sie sich und ihre Geschwüre notdürftig bedecken. Aber selbst wenn sie nichts bekommen, sind sie schon dankbar, wenn man sie nur nicht sofort und unter Flüchen davonjagt.

Liebe Freunde, Brüder und Schwestern, lasst uns die materiellen Mittel, die uns anvertraut sind, gut verwalten, damit man uns nicht die Worte des Petrus vorhält, der einmal sagte: „Schämt euch, die ihr fremdes Eigentum zurückhaltet! Ahmt stattdessen die Gerechtigkeit Gottes nach, und es wird keine Armen mehr geben" (Apostolische Konstitutionen). Wir sollen uns nicht damit abmühen, Geld zu scheffeln und uns draufzusetzen, während unsere Geschwister hungern.

Lasst uns Gott nachahmen, der von jeher wollte, dass es über Gerechte und Ungerechte regnet und über allen Menschen ohne Unterschied die Sonne aufgeht (vgl. Mt 5,45). Den Tieren der Erde hat er das freie Land überlassen, mit seinen Quellen, Flüssen und Wäldern. Den Vögeln hat er die Luft gegeben und das Wasser den Fischen. Was man zum Leben braucht, hat er allen in Fülle gewährt; sie wurden weder von jemandem beherrscht noch durch ein Gesetz in ihrer Freiheit eingeschränkt oder durch Grenzen voneinander getrennt. Vielmehr war das, was sie zum Leben brauchten, allen gemeinsam und im Überfluss gegeben. Indem er alle beschenkte, ließ er allen Geschöpfen die gleiche Würde zukommen und stellte so den Reichtum seiner Freundlichkeit unter Beweis.

Doch was tun die Menschen? Sie häufen in ihren Schatzkammern Gold und Silber, großartige und überflüssige Kleider, glitzernde Edelsteine und andere Dinge an, was dann zu Kriegen, Unruhen und Gewalt führt. Gleichzeitig zucken sie nur verständnislos mit den Achseln und kennen für ihre Mitmenschen in der Not keine Gnade; sie sind auch sonst nicht bereit, anderen mit dem Notwendigsten auszuhelfen. Welche Verblendung und Dummheit! Sie machen sich nicht klar, dass Gegensätze wie Armut und Reichtum, Freiheit und Knechtschaft usw. erst spät bei den Menschen aufkamen und wie eine

Krankheit durch die Sünde über uns alle gekommen sind. Jesus aber sagt: „Am Anfang war das nicht so" (Mt 19,8). Vergiss nicht, dass wir vom Ursprung her alle gleich sind und die Spaltungen erst später kamen. Halte dich nicht an das Gesetz der Mächtigen, sondern an das des Schöpfers. Hilf der Natur, so gut du kannst: Achte die ursprüngliche Freiheit, sei auf der Hut vor dir selbst und entehre das Menschengeschlecht nicht, dem du ja selbst angehörst; hilf dem Kranken in seiner Not!

Du steigst im Ansehen, wenn du deinen Nächsten an Freundlichkeit übertriffst! Strebe danach, für einen Menschen im Unglück Gott zu werden, indem du Gottes Erbarmen nachahmst! Nirgends hat der Mensch mehr mit Gott gemeinsam als in seiner Fähigkeit, Gutes zu tun.

Ihr seid Diener Christi, seine Geschwister und Miterben; lasst uns, solange noch Zeit ist, Christus besuchen, ihn heilen und ernähren, ihn bekleiden und beherbergen; lasst uns Christus ehren.　　10

Gregor von Nyssa

(ca. 330–394 n. Chr.)

Als Bischof war Gregor für seinen älteren Bruder Basilius eine wichtige Stütze. Beeinflußt von Origenes vertiefte er die mystische Dimension des Glaubens.

König David rief zu Gott: „Herr, du bist der Höchste, du bleibst auf ewig" (Ps 92,9). Ich glaube, dass David mit diesem Ausruf Folgendes sagen wollte: „Wer dir, o Gott, ohne Unterlass in alle Ewigkeit entgegenläuft, wächst immer weiter über sich selbst hinaus, weil er im Guten ständig höher steigt und in ihm zunimmt. Du, Gott, bist jedoch immer derselbe; du bleibst auch in Ewigkeit der Höchste, und wer zu dir aufsteigt, wird nie meinen, er hätte dich eingeholt. Denn du bleibst auf ewig höher und übersteigst das Vermögen derer, die sich dir annähern."

Das Neue übertrifft jedes Mal das zuvor Erreichte, ohne jedoch jemals ganz einzuholen, wonach wir letztlich streben. Vielmehr beginnen wir, sobald wir dem Guten ein Stück näher gekommen sind, unsere Suche nach dem Nächsthöheren aufs Neue. So bleiben wir auf dieser Suche nie mehr stehen, da wir von Neubeginn zu Neubeginn voranschreiten und uns jedes Mal ein noch größeres Gut erwartet. Die

Sehnsucht dessen, der zu Gott aufsteigt, bleibt nie bei dem einmal Erreichten stehen, sondern seine Sehnsucht wird immer stärker, um sich zum nächsthöheren Ziel aufzumachen. So wandert die Seele immer höher auf das Unsichtbare zu.   1

Von Neubeginn zu Neubeginn

Die Sehnsucht der Seele, die Gott schaut und sich nach unvergänglicher Schönheit sehnt, verlangt nach immer Höherem; ihre Sehnsucht kommt nie zur Ruhe, sondern streckt sich immer wieder Neuem entgegen: Die Seele bricht abermals auf und dringt tiefer in das ein, was vor ihr liegt. Dabei stellt sie fest, dass das, was ihr bislang wunderbar und groß vorkam, geringer ist als das Folgende, und dass die Neuentdeckungen noch viel schöner sind als das bereits Empfangene. So konnte auch Paulus schreiben, dass er jeden Tag stirbt (vgl. 1 Kor 15,31), da er ständig zu neuem Leben aufbrach und dabei dem Alten starb und vergaß, was er schon vollbracht hatte (vgl. Phil 3,13).   2

Wie die Sehnsucht der Geliebten

Die Seele macht sich auf das Wort ihres Geliebten hin auf den Weg, um den zu suchen, der sich uns immer wieder entzieht, und nach dem zu rufen, den man nicht in Worte fassen kann. Ihr wird bewußt, dass sie nach dem Unerreichbaren verlangt und zum Unfassbaren hin unterwegs ist. Bei dieser Erkenntnis kann sie Verzweiflung überfallen, denn sie hat den Eindruck, ihre Sehnsucht käme nie ans Ziel und wäre auf ewig unerfüllbar. Der Schleier der Verzweiflung verschwindet aber, sobald die Seele versteht, dass sie allein in dieser fortschreitenden Suche die Erfüllung findet, die sich nie erschöpft. Denn unsere Sehnsucht verlangt nach immer mehr. Wenn unsere Seele also die unbeschreibliche und unbegrenzte Schönheit ihres Geliebten gesehen hat und begreift, dass die von ihm ausgehende Faszination auch im Unendlichen kein Ende hat, dann legt sie den Schleier der Verzweiflung ab und strebt mit immer größerer Leidenschaft ihrem Geliebten entgegen, um ihm ihr Herz zu öffnen.   3

„Du, den meine Seele liebt, sag mir: Wo weidest du die Herde? Wo lagerst du am Mittag?" (Hld 1,7).

Wo ist deine Weide, du guter Hirte, der du die ganze Herde auf deinen Schultern trägst? Denn wie ein einziges Schaf hast du die Menschheit auf deine Schultern genommen. Zeig mir, wo es frisches Gras und kühles Wasser gibt; führe mich zur saftigen Weide; rufe mich beim Namen, damit ich deine Stimme höre, und gib mir durch deine Stimme ewiges Leben; sprich zu mir, du, „den meine Seele liebt". Ja, so nenne ich dich, weil dein Name über allen anderen Namen ist und für jeden Menschen unaussprechlich und unbegreiflich bleibt. Er soll jedem deine Güte verkünden.

Denn wie könnte ich dich nicht lieben? Du hast mich, als ich noch unwürdig war, so sehr geliebt, dass du dein Leben für deine Schafe geopfert hast! Eine größere Liebe kann ich mir nicht vorstellen, als dass du dein Leben für mich hingibst.

Zeig mir also, wo deine Weide ist, damit ich Heil und himmlische Nahrung finde, ohne die keiner ins Leben eingehen kann. Zeig mir, wo deine Weide ist, und ich komme gelaufen, um aus der Quelle göttlichen Wassers zu trinken, die du für alle fließen lässt, die Durst haben. Sie fließt aus deiner Seite, welche die Lanze deiner Henker durchbohrt hat. Wer aus dieser Quelle trinkt, dem gibt sie lebendiges Wasser, das „ewiges Leben schenkt" (Joh 4,14).   4

Die Größe, die Gott dir verleiht

Ist dir bewusst, welche Ehre dir dein Schöpfer erweist, indem er dich über alle Geschöpfe erhebt? Weder Himmel noch Mond, weder die Sonne noch die Sterne in all ihrer Schönheit, noch irgendein anderer Teil der Schöpfung ist zum Abbild Gottes geworden. Du allein bist das Bild dessen, der alle Vernunft übersteigt; du allein bist das Abbild der unvergänglichen Schönheit, du allein trägst den Abdruck des wahren Gottes in dir und bist ein Gefäß göttlichen Lebens und Abglanz des wahren Lichts. Wer in dieses Licht schaut, wird selbst zu

Licht. Du wirst wie der, dessen Licht über dir auf-
leuchtet, denn deine Seele reflektiert in ihrer Un-
schuld sein Strahlen. Nichts auf der Welt ist so groß,
dass man es mit dir vergleichen könnte.

Das ganze Himmelsgewölbe wird von Gottes Hand
umfasst; Erde und Meer passen in seine Hand. Und
dennoch ist Gott, der so groß und mächtig ist, dass
er die ganze Schöpfung in der Hand hält, mit seiner
ganzen Fülle in dir gegenwärtig; er wohnt in dir
und zögert nicht, bei dir, so wie du bist, einzutreten.
Er sagt: „Ich will unter den Menschen wohnen und
mit ihnen gehen" (2 Kor 6,16).   5

Die Jungfräulichkeit Marias ließ die Größe
Gottes durchscheinen, die in Christus gegenwärtig
ist. Was damals ganz körperlich geschah, ereignet
sich im geistigen Sinne auch in jeder Seele, die alles
von Gott erwartet. Christus ist nicht mehr leiblich
da, und wir sehen ihn nicht mehr körperlich vor
uns, sondern er wohnt – wie das Evangelium sagt –
zusammen mit dem Vater geistig in uns.   6

„Selig, die ein reines Herz haben, denn sie
werden Gott schauen" (Mt 5,8). Christus sagt hier,
dass unsere Freude nicht darin besteht, etwas über
Gott zu wissen, sondern darin, dass wir ihn in uns
selbst haben. Meiner Ansicht nach heißt dieses
großartige Wort Christi nicht, dass die Seele eines
Tages Gott mit reinem Blick gegenüberstehen wird.
Es sagt vielmehr, was Christus an einer anderen

Stelle noch deutlicher ausspricht: Das Reich Gottes ist in euch (vgl. Lk 17,21). Ich meine, Christus möchte uns mit diesem kurzen Satz folgendes sagen: „Ihr Menschen sehnt euch danach, das Gute selbst zu sehen. Verliert nicht den Mut, wenn ihr hört, dass die Herrlichkeit Gottes alle Himmel übersteigt, dass ihr Glanz unerforschlich, ihre Schönheit unaussprechlich und ihr Wesen unerreichbar ist! Verzweifelt nicht daran, dass ihr das Ziel eurer Sehnsucht nicht zu sehen bekommt! Denn auch du hast die wunderbare Gabe, Gott zu erkennen. Dein Schöpfer hat sie in ausreichendem Maße in dich hineingelegt." Gott hat ein Abbild des Guten, das er selbst ist, in dich eingeprägt, so wie man von einer Statue einen Wachsabdruck macht. Nur überdeckte das Schlechte diesen Abdruck Gottes in dir, so dass er nicht wirken konnte, weil er unter einer hässlichen Schicht verborgen war. Wenn du dich nun aufmachst und den Schmutz von deinem Herzen wegspülst, dann wird die Schönheit, die dich Gott ähnlich macht, von neuem in dir erstrahlen.   7

Die Neigung zum Bösen ist wie eine Verstümmelung des Guten, das in uns liegt. Man versteht das Böse erst richtig, wenn man sieht, dass es keine eigene Existenz hat, sondern dass es die Abwesenheit des Guten ist.   8

„Ich war durstig, und ihr habt mir
zu trinken gegeben ..."

Verachte die Armen nicht, als hätten sie
deine Aufmerksamkeit nicht verdient! Mach dir
bewusst, wer sie sind, und du wirst ihre Würde entdecken: Sie haben das Antlitz unseres Erlösers. Sie
sind die Verwalter der Güter, auf die wir hoffen,
und die Türwächter des Reiches Gottes, dessen Tore
sie für die Barmherzigen und die Weinenden öffnen
und vor den Mürrischen und Gehässigen aber ver-
schließen.

Gott liebt Barmherzigkeit und Wohltätigkeit; sie
machen den Menschen, in dem sie wohnen, Gott
immer ähnlicher. Mit ihnen wird der Mensch zum
Ebenbild des höchsten und reinen Wesens, das alle
Vernunft übersteigt.   9

„... Was ihr für einen meiner geringsten
Brüder getan habt, das habt ihr mir getan"
(Mt 25,34–40).

Dieses Gebot lässt uns an die viele Not um
uns herum denken, besonders an die Menschen,
denen das Nötigste zum Leben fehlt und die an
ihrem Körper schlimme Krankheiten ertragen müssen; das ruft uns auf, die Frohe Botschaft in unserer eigenen Umgebung in die Tat umzusetzen. Wir
können damit anfangen, indem wir uns um Men-

schen kümmern, die vom Aussatz, dieser schrecklichen Krankheit unserer Tage, verstümmelt werden.

Man begegnet Menschen, die wie Viehherden auf der Suche nach Nahrung umherziehen. Statt Kleidung haben sie Lumpen umgewickelt und in den Händen einen Stock, mit dem sie sich verteidigen und der ihre einzige Stütze ist. Diesen muss man ihnen an die Handflächen binden, weil sie keine Finger mehr haben, um ihn festzuhalten. In ihrem zerrissenen Sack haben sie oft nichts anderes als ein Stück verschimmeltes, verfaultes Brot. Dieser Sack ist für sie Herd, Haus, Lagerstätte, Bett, Vorratskammer und Tisch in einem und überhaupt das Einzige, was ihnen im Leben geblieben ist.

Aber: Weißt du nicht, wen wir in ihnen vor uns haben? Den Menschen, der nach dem Bild Gottes geschaffen ist und dem aufgetragen ist, über die Erde zu herrschen; einen Menschen, dem die ganze vernunftlose Schöpfung untertan ist! Aber dieser Mensch wurde vom Schicksal so arg getroffen und entstellt, dass man ihn kaum noch als Menschen wieder erkennt.

Was nun? Genügt es denn, nur über das Leid zu klagen, das das Leben mit sich bringt? Genügt es, über diese Krankheit zu reden und Mitleid zu haben, nur um nicht gegen die einfachsten Anstandsregeln zu verstoßen? Müssen wir nicht auch etwas unternehmen, um diesen Menschen unsere Barmherzigkeit zu zeigen?

Denn wie sich Schattenbilder von den wirklichen Dingen unterscheiden, so unterscheiden sich Worte von Taten. Christus sagt, dass das Heil nicht im

Reden liegt, sondern darin, dass wir selbst anderen Heilung bringen. Wenn wir solchen Menschen begegnen, fordert uns das Gebot Christi heraus. Es ist keine Lösung, Menschen, die man nirgends haben will, weit weg zu schicken und sie, isoliert von allen anderen, mit dem Nötigsten zu versorgen. Eine derartige Einstellung zeugt weder von Barmherzigkeit, noch von Mitleid. Auf diese Weise wollen wir sie nur in aller Freundlichkeit loswerden.

Wir haben alle Anteil am gleichen menschlichen Leben, und keiner kann sich darauf verlassen, dass es ihm auch in Zukunft gut geht. Darum ist es wichtig, sich immer daran zu erinnern, wozu uns das Evangelium aufruft, wenn es sagt: Was ihr von anderen erwartet, das tut zuerst selbst (vgl. Mt 7,12)! Reiche also, solange es dir gut geht und du glücklich segelst, dem Schiffbrüchigen die Hand! Wir segeln alle auf demselben Meer und bei dem gleichen Seegang und sind alle in gleicher Weise von den Wogen bedroht. Untiefen, Klippen, Felsen und sonstige Gefahren bereiten jedem Seemann Angst. Lass den nicht links liegen, der auf ein Riff aufgelaufen ist, solange du selbst nicht in Not bist und unbeschadet auf dem Meer des Lebens dahinfährst. Wer sagt dir, dass du immer gute Fahrt haben wirst? Noch bist du nicht im sicheren Hafen; noch hast du das Auf und Ab des Lebens nicht hinter dir und hast noch kein festes Ufer erreicht. Noch immer fährst du wie ein Seemann unter Gefahren durchs Leben, und mit jedem Schiffbrüchigen, den du aufnimmst, hast du einen treuen Reisegefährten gewonnen.

Alle wollen wir in den ruhigen Hafen gelangen, und der Heilige Geist möge uns für die vor uns liegende Lebensreise günstige Winde senden. Dabei sollen die Gebote Gottes uns Orientierung geben, und die Liebe soll uns lenken. Sie sollen uns auf rechtem Kurs halten, damit wir das Land erreichen, das uns verheißen wurde, und wir in die Stadt kommen, deren Erbauer und Schöpfer unser Gott ist. Ihm sei Herrlichkeit und Macht in alle Ewigkeit. Amen. 10

Johannes Chrysostomos

(344/54 – 407 n. Chr.)

*Johannes, der den Beinamen Chrysostomos („Goldmund")
hat, lebte einige Jahre als Eremit in der Nähe von Antiochien, bevor er Bischof von Konstantinopel wurde. Zwei-
mal in seinem Leben wurde er verbannt. Das zweite Exil
überlebte er nicht. Teile der orthodoxen Liturgie gehen auf
ihn zurück.*

Aus einer Predigt zum Ostersonntag

Jeder, der aus dem Glauben lebt und Gott
liebt, soll die Freude des heutigen Festes spüren!
Jeder rechtschaffene Knecht nehme an der Freude
seines Herrn teil (vgl. Mt 20,1–16)! Wer streng gefastet hat, empfange nun sein Entgelt! Wer seit der
ersten Stunde mitgearbeitet hat, erhalte heute den
gerechten Lohn! Wer erst nach der dritten Stunde
angeheuert wurde, soll voll Dankbarkeit feiern! Wer
nach der sechsten Stunde dazugekommen ist, sei
ohne Zweifel; er wird nicht weniger bekommen, als
die anderen! Wer bis zur neunten Stunde gebraucht
hat, komme ohne zu zögern. Und wer erst in der
letzten Stunde hinzugestoßen ist, schäme sich nicht,
weil er nur so kurz gearbeitet hat!

Der Herr ist großzügig und nimmt den Letzten genauso auf wie den Ersten. Er verschafft dem genauso Ruhe, der erst zur letzten Stunde kam, wie dem, der von Anfang an mitgearbeitet hat. So wie er den Ersten heilt, erbarmt er sich auch des Letzten; auch dem Letzten gibt er, was er dem Ersten gewährt. Für ihn zählt die Absicht genauso viel wie das vollbrachte Werk.

Nehmt nun alle an der Freude unseres Herrn teil; empfangt euren Lohn, gleich ob ihr zu den Ersten oder den Letzten gehört; tanzt miteinander, Arme und Reiche; ehrt diesen Tag, gleich ob ihr selbstbeherrscht oder sorglos wart; freut euch heute, ob ihr gefastet habt oder nicht!

Der Tisch ist reich gedeckt, nehmt euch alle, soviel ihr könnt! Das Kalb ist groß, keiner gehe hungrig nach Hause! Genießt die Freundlichkeit des Herrn in seiner ganzen Fülle!

Keiner soll über seine Armut klagen, denn das Königreich steht allen offen. Keiner soll über seine Verfehlungen trauern, denn die Vergebung ist aus dem Grab auferstanden. Keiner fürchte sich vor dem Tod, denn der Tod unseres Heilands hat uns von ihm befreit. Christus stieg als Gefangener ins Totenreich hinab, doch er hat es überwältigt und besiegt.

Er ließ das Totenreich sein Fleisch schmecken und versetzte es in Entsetzen. Davon sprach der Prophet Jesaja schon vor Jahrhunderten, als er rief: „Das Totenreich drunten gerät in Erregung" (Jes 14,9). Dein Erscheinen, Christus, löste im Totenreich Entsetzen aus, denn du hast ihm ein Ende bereitet;

Entsetzen weit und breit, denn das Totenreich war unterlegen und wurde zum Gespött aller. Es ließ einen Leib herein und hatte Gott in den Händen. Es ergriff die Erde und begegnete dem Himmel. Es packte Sichtbares und stürzte ins Unsichtbare. „Tod, wo ist dein Sieg? Tod, wo ist dein Stachel?" (1 Kor 15,55). Christus ist auferstanden, und die Dämonen sind gestürzt; Christus ist auferstanden, und die Engel jubeln; Christus ist auferstanden, und kein Toter bleibt mehr in seinem Grab. Denn Christus ist nur der Erste all derer, die von den Toten auferstehen. 1

Versöhnung ohne Aufschub

Wenn du an den Altar, den Tisch des Heils, treten willst, versöhne dich zuerst. Dann komm, um die heilige Speise zu empfangen (vgl. Mt 5,23–24). Das sage nicht ich, sondern Christus selbst, der für uns gekreuzigt worden ist. Er ließ sich wie ein Opfertier schlachten und hat sein Blut vergossen, um dich mit dem Vater zu versöhnen. Und du willst nicht einmal mit deinem Mitmenschen sprechen und den ersten Schritt tun, um dich mit ihm zu versöhnen? Höre, was Christus sagt: „Wenn du deine Opfergabe zum Altar bringst und dir einfällt, dass dein Bruder etwas gegen dich hat ..." Er fährt nicht fort: „Warte, bis er zu dir kommt" oder: „Schalte einen Vermittler ein." Auch sagt er nicht: „Rufe noch einen Dritten hinzu", sondern er sagt: „Geh selbst zu ihm. Geh und versöhne dich zuerst mit deinem Bruder." Unglaublich! Er ist nicht gekränkt, wenn die für ihn bestimmte Opfergabe liegen bleibt; und du fühlst dich erniedrigt, weil du hingehen sollst, um dich zu versöhnen? 2

Predigt zum Karsamstag von einem
unbekannten Verfasser aus der gleichen Zeit

Gott ist in einem menschlichen Leib gestorben und hat die vom Tod auferweckt, die seit Anfang der Welt gestorben sind. Gott ist im Fleisch gestorben, und das Totenreich hat gebebt. Er machte sich auf, um dort den erstgeschaffenen Menschen zu suchen – wie ein verlorenes Schaf. Er will zu allen gehen, „die in Finsternis sitzen und im Schatten des Todes" (Lk 1,79). Um den gefangenen Adam und die mit ihm gefangene Eva aus ihren Qualen zu erlösen, machte sich Gott auf und wurde ihr Sohn.

Mit dem Kreuz, der Waffe seines Sieges, ging Christus auf sie zu. Als Adam, der erstgeschaffene Mensch, ihn erblickte, schlug er sich vor Bestürzung auf die Brust und rief : „Mein Herr, sei mit uns allen!" Christus antwortete und sprach zu Adam: „Und mit deinem Geiste!" Dann ergriff er seine Hand, zog ihn empor und sprach: „Wach auf, du Schläfer, und steh auf von den Toten, und Christus wird dein Licht sein (Eph 5,14). Ich bin es, dein Gott, der deinetwegen dein Sohn geworden ist und jetzt dir und deinen Nachkommen und allen Gefangenen mit Vollmacht befiehlt: Kommt heraus!" Zu denen in der Finsternis sagte er: „Kommt ans Licht!" und zu den Toten: „Steht auf! Steh auf, mein Werk; steh auf, Gestalt, die mir gleicht und die nach meinem Bilde geschaffen worden ist; wach auf, wir wollen von hier fortziehen. Denn du bist in mir und ich in dir; wir sind eine einzige Person, die niemand trennen kann." 3

Ambrosius von Mailand

(ca. 334–397 n. Chr.)

Ambrosius kam in Trier zur Welt. Sein Vater war römischer Präfekt in Gallien und starb, als Ambrosius noch ein Kind war. Seine Mutter zog daraufhin mit ihren drei Kindern nach Rom. Im Alter von 30 Jahren wurde er Präfekt von Mailand, der damaligen Hauptstadt des Römischen Reiches.

Während Ambrosius sich auf seine Taufe vorbereitete, starb der Bischof der Stadt. Zu seiner Überraschung wurde Ambrosius gedrängt, dessen Nachfolge anzutreten. Mit seinen Kenntnissen der griechischen Kirchenväter trug er dazu bei, der lateinischen Welt die Schätze der Ostkirche zugänglich zu machen.

Wer Christus in seinem Inneren aufnimmt, gewinnt eine Freude, die alles übersteigt. Deshalb tritt der Herr gerne in die Seele dessen ein, der ihm Glauben schenkt, und ruht sich dort aus.   1

Gott, der im Menschen ruht

Am Ende der Schöpfung schuf Gott den Menschen und gab ihm die Herrschaft über alle Lebewesen. So umfasst der Mensch in gewisser Weise die

Welt und birgt die ganze Schönheit der irdischen Geschöpfe in sich. Beachten wir einmal die Stille, in der Gott nach Vollendung der Schöpfung ruhte (vgl. Gen 2,2). Er ruhte im Inneren des Menschen, er ruhte in seinem Geist und seinem Willen. Denn er hatte den Menschen als ein Wesen geschaffen, das Vernunft hat, das ihn nachahmt, das nach dem Guten strebt und sich nach himmlischer Freude sehnt.

Ich danke dem Herrn, unserem Gott, dass er ein derartiges Werk wie den Menschen geschaffen hat, um dann in ihm zu ruhen. Es heißt: „Er schuf den Himmel" – aber nicht, dass er danach ruhte: „Er schuf die Erde" – aber es heißt nicht, dass er danach ruhte. „Er schuf die Sonne, den Mond und die Sterne" – auch da lese ich nicht, dass er danach ruhte. Vielmehr lese ich, dass er ruhte, nachdem er den Menschen geschaffen hatte. In ihm hatte er ein Wesen, dem er die Sünden vergeben konnte.   2

Das Wort Gottes ist zu uns gekommen; es schweigt nicht in uns.   3

Selbst wenn du schläfst, kommt Christus zu dir. Ihm genügt, dass deine Seele sich ihm überlässt. Er klopft an ihre Tür und sagt: „Öffne mir, Schwester!" Zurecht sagt er „Schwester", denn es ist eine geistliche Hochzeit zwischen dem Wort und der Seele. „Öffne dich mir und schließ dich nicht ein, sondern mach dich weit, und ich werde dich erfüllen. Auf meinem irdischen Weg habe ich viel Böses erlebt, habe viele Verletzungen erlitten und konnte kaum einen Ort zum Ausruhen finden. Darum öffne, damit der Menschensohn bei dir sein Haupt niederlegen kann, denn nur bei den Demütigen und Sanften findet er Ruhe." 4

Maria

Nicht umsonst begann der Herr sein Werk zur Erlösung der Welt bei Maria. Sie nämlich empfing als erste die Frucht des Heils von ihrem Sohn; durch sie wurde allen das Heil bereitet. 5

„Selig ist die, die geglaubt hat, dass sich erfüllt, was der Herrn ihr sagen ließ" (Lk 1,45). Maria hat geglaubt und darin die Frucht des Glaubens erlangt. Aber auch ihr, die ihr gehört und geglaubt habt, seid selig. Denn jede Seele, die glaubt, empfängt und erzeugt das Wort Gottes, und erkennt seine Werke. Möge in allen die Seele Marias wohnen, die die Größe des Herrn preist. Möge in allen der Geist Marias wohnen, der über Gott jubelt (vgl. Lk 1,46f).

Wenn es dem Fleisch nach auch nur eine einzige Mutter Christi gibt, so ist Christus dem Glauben nach doch die Frucht aller. Darum preist jede Seele, die es vermag, die Größe des Herrn, so wie die Seele Marias die Größe des Herrn gepriesen hat und wie ihr Geist über den heilbringenden Gott gejubelt hat.

Es wird nämlich der Herr gepriesen, wie du gelesen hast: „Preist mit mir den Herrn!" (Ps 34,4); das soll nicht heißen, dass die menschliche Stimme der Größe des Herrn etwas hinzufügen könnte, sondern dass er durch den Lobpreis in uns größer wird. 6

Worte wie Brote

Das Brot, das Jesus bricht (vgl. Lk 9,10–17; die Speisung der Fünftausend), steht für das Wort Gottes und für die Botschaft Christi: Es wird mehr, wenn man es teilt. Mit wenigen Worten gab Christus allen Völkern reichlich Speise. Er gab uns seine Worte wie Brote: Wenn wir von ihm kosten, vermehrt es sich in unserem Mund. So geschieht es auf geheimnisvolle Weise auch mit diesem Brot: Wenn man es bricht, wenn man es teilt und verzehrt, wird es immer mehr – und nicht weniger. 7

Im Glauben berühren wir Christus, im Glauben sehen wir Christus. 8

Vergebung

Jesus sagte einmal zu Philippus: „Wer mich gesehen hat, hat den Vater gesehen" (Joh 14,9). Das bedeutet nicht, dass man im Sohn den Vater leibhaftig vor sich sieht und im Geist des Sohnes den Geist des Vaters; die Einheit zwischen Vater und Sohn ist vielmehr die, die zwischen dem Handeln eines Menschen und der sich aus ihm ergebenden Wirkung besteht. Diese Einheit zwischen ihm und dem Vater wird besonders dort sichtbar, wo Jesus Sünden vergibt: Denn niemand kann Sünden vergeben außer Gott allein (vgl. Mk 2,7).

Möge uns Christus seine Vergebung in göttlicher Fülle schenken, damit wir ihn erkennen! 9

Wir sind Kinder Gottes, darum lasst uns zum Vater eilen (vgl. Lk 15,11–32)! Hab keine Angst, dass er dich abweisen könnte! Denn „Gott hat keine Freude am Untergang der Lebenden" (Weish 1,13). Bereits bei deiner Ankunft wird er dir entgegenlaufen und dir um den Hals fallen – denn „der Herr richtet die Gebeugten auf" (Ps 146,8). Er wird dir einen Kuss geben als Unterpfand seiner Zuneigung und Liebe, er wird dir ein Gewand, einen Ring und Schuhe bringen lassen. Du fürchtest dich noch vor Züchtigung, und er ist bereits dabei, deine Würde wieder herzustellen. Du hast Angst vor Strafe, er aber gibt dir einen Kuss. Du erwartest Tadel, doch er bereitet für dich ein Festmahl vor.

Wer zum Herrn zurückkehrt, der kommt zu sich selbst. Achten wir darauf, wie wir uns an den Vater wenden. Der verlorene Sohn sagt: „Vater!" Wie barmherzig und treu ist der, der sich selbst dann, wenn er verletzt wurde, noch als Vater anreden lässt! Der verlorene Sohn sagt: „Vater, ich habe gesündigt gegen den Himmel und vor dir." Hab keine Angst, dass du keine Verzeihung erlangst: Der Anwalt verbürgt sich für die Vergebung, der Schutzherr verspricht Gnade, der Fürsprecher sagt dir Versöhnung mit dem treuen Vater zu.[5] Glaube, weil er die Wahrheit ist! Sei getrost, denn in ihm ist die Macht! 10

Nur durch ihre verständnisvolle Haltung gegenüber den Menschen konnte die Kirche sich ausbreiten. Der Herr selbst hat uns diese Haltung durch sein Blut erworben. So ist die Kirche ein Abbild der Barmherzigkeit Gottes und der Erlösung aller geworden.

Wer die menschliche Schwäche zu verbessern sucht, muss diese Schwäche mit seinen eigenen Schultern tragen und gleichsam wiegen, anstatt sie abzuwerfen. Im Evangelium lesen wir ja auch von einem Hirten, der das schwache Schaf trug und es nicht fallen ließ. Unsere verständnisvolle Haltung muss der Gerechtigkeit die Schärfe nehmen. Denn wie könnte einer, den du nicht ausstehen kannst, kommen, um von dir geheilt zu werden? Er würde denken, dass sein Arzt ihn verachtet und kein Erbarmen mit ihm hat. Darum hat Jesus, der Herr, Erbarmen mit uns, um uns zu sich zu rufen und nicht, um uns abzuschrecken. Er kommt sanft und demütig und spricht: „Kommt alle zu mir, die ihr

---

[5] Gott, der Dreifaltige, tritt dafür ein, dass wir ein Leben in Fülle haben: Christus als Anwalt, der uns Ausdauer schenkt; der Vater als Schöpfer; der Heilige Geist als unser Fürsprecher.

euch plagt und schwere Lasten zu tragen habt! Ich werde euch Ruhe verschaffen" (Mt 11,28). Jesus schafft uns also einen Ort der Ruhe; er schließt nicht aus und lässt nicht fallen. Nicht umsonst hat er sich Jünger erwählt, die seinem Willen folgen, indem sie das Volk Gottes zusammenführen, anstatt es zurückzuweisen.

Was ist härter, als jemandem eine Buße aufzuerlegen, die er nicht erfüllen kann? Wer die Vergebung verweigert, nimmt dem Menschen den Antrieb zur Umkehr. Nur der kann wirklich umkehren, der auf die Vergebung vertraut. Der Herr selbst hat kein Vergehen von seiner Vergebung ausgenommen; er hat alle Sünden vergeben.   11

Der Friede in dir

Der Apostel Paulus sagt: „Ich will, dass die Menschen überall beim Gebet die Hände in Reinheit erheben, frei von Zorn und Streit" (1 Tim 2,8). Und der Herr spricht im Evangelium: „Geh in deine Kammer, wenn du betest, und schließ die Tür zu; dann bete zu deinem Vater!" (Mt 6,6). Scheint dir das nicht ein Widerspruch zu sein? Der Apostel sagt: „Bete an allen Orten!" und der Herr sagt: „Bete in deiner Kammer!" Aber es ist kein Widerspruch. Du kannst überall beten und gleichzeitig in deiner Kammer sein. Deine Kammer ist überall. Deine Kammer ist dein Geist. Auch mitten unter den Leuten bewahrst du dir in deinem Inneren einen geheimen und abgeschiedenen Ort. Wenn du betest, dann bete dort in „deiner Kammer".

Dein Gebet soll nicht nur von deinen Lippen kommen. Richte deine ganze Aufmerksamkeit darauf und geh in das Innere deines Herzens, tritt ganz ein! Bete in der Abgeschiedenheit deines Herzens mit der Gewissheit, dass der, der alles sieht und hört, dich auch dort hören kann!

Warum sollen wir lieber in unserem Inneren beten als mit lauter Stimme? Wer schreit, glaubt, dass Gott ihn nur hören kann, wenn er schreit. Indem er zu ihm spricht, spricht er ihm zugleich seine Macht ab. Wer aber in der Stille betet, erweist Gott sein Vertrauen und bekennt, dass Gott Herz und Nieren erforscht und dass er dein Gebet hört, noch bevor es deinen Mund verlässt.

„Ich will, dass die Menschen überall beim Gebet die Hände in Reinheit erheben, frei von Zorn und Streit." Nichts ist wahrer als dies! Es heißt: „Der Zorn verdirbt auch Weise." Daher muss ein Christ zu jeder Zeit seinen Zorn bändigen, besonders dann, wenn er betet. Warum bist du zornig? Hat dein Mitmensch etwas falsch gemacht? Du betest, dass dir deine Vergehen vergeben werden, und ärgerst dich gleichzeitig über einen anderen?

Und was den Streit betrifft: Oft kommt man wie ein Geschäftsmann zum Gebet. Der Geizige denkt an sein Geld, ein anderer an seinen Gewinn, der nächste an sein Ansehen und wieder ein anderer an seine Begierden. Alle glauben, dass Gott sie hört. Darum: Wenn du betest, sollst du dem Göttlichen den Vorrang geben vor dem Menschlichen. 12

Beginne in dir selbst das Werk des Friedens, damit du, wenn du selbst friedfertig geworden bist, anderen den Frieden bringen kannst. 13

„Frieden hinterlasse ich euch, meinen Frieden gebe ich euch" (Joh 14,27). Die Vollkommenen zeichnen sich dadurch aus, dass sie sich nicht so leicht durch weltliche Ereignisse aus der Fassung bringen lassen, dass sie sich nicht fürchten und sich nicht auf einen bloßen Verdacht hin aufregen. Die Vollkommenen lassen sich durch keinen Schrecken erschüttern oder durch Schmerzen quälen, sondern sie bewahren einen unerschütterlichen Geist und einen festen Glauben wie an einem sicheren Ufer angesichts der anrollenden Fluten irdischer Stürme. Diese Festigkeit hat Christus dem Geist der Christen eingegeben: einen inneren Frieden, der diejenigen erfüllt, die Prüfungen durchgemacht haben. 14

Solidarität

Geben ist mehr, als einem anderen etwas zu überlassen; seine Feinde zu lieben, ist mehr, als nicht gegen sie zu eifern. 15

Was du einem Armen gibst, nützt dir selbst; das, worauf du verzichtest, wächst in dir. Du nährst dich selbst mit dem Mahl, das du einem Armen reichst; denn wer sich eines Armen erbarmt, der wird selbst genährt und trägt einen Gewinn davon. Barmherzigkeit wird auf Erden gesät und trägt im Himmel Früchte; sie wird in einem Armen gepflanzt, und wächst weiter bei Gott, der da spricht: „Sag nicht zu deinem Nächsten: Morgen will ich dir etwas geben" (Spr 3,28). Und wenn er nicht erlaubt, zu sagen: „Morgen will ich etwas geben", wie könnte er dann hinnehmen, dass du sagst: „Ich will überhaupt nichts geben"?

Du schenkst dem Armen nichts von dem, was dir gehört, sondern gibst ihm lediglich zurück, was ihm gehört. Andernfalls beanspruchst du für dich allein, was Gemeingut ist und allen zur Verfügung steht. Die Erde gehört allen, nicht nur den Reichen. Aber es gibt weniger Menschen auf der Erde, die keine Besitzansprüche stellen, als andere. Du gibst also nur zurück, was du schuldest, und nicht etwas, was dir gehört. Darum sagt die Schrift: „Neige dem Armen dein Ohr zu und erwidere ihm freundlich den Gruß!" (Sir 4,8). 16

Augustinus

(354–430 n. Chr.)

*Augustinus stammte aus Nordafrika. Bis zum Alter von
30 Jahren suchte er in verschiedenen religiösen Strömun-
gen seiner Zeit einen Sinn für sein Leben. Seine Karriere
als Rhetoriker brachte ihn nach Rom und Mailand, wo
vor allem der Kontakt mit Ambrosius zu einem Umbruch
in seinem Leben führte. Nach seiner Taufe durch Ambrosius kehrte Augustinus nach Afrika zurück, wo er Bischof
der Stadt Hippo wurde.*

„Singt dem Herrn ein neues Lied!" (Ps 149,1).
Singt mit der Stimme, singt mit dem Herzen und
mit dem Mund, singt mit eurem ganzen Leben:
„Singt dem Herrn ein neues Lied!" Soll nicht das,
was ihr singt, und der, den ihr liebt, auch in eurem
Leben durchscheinen? Du willst doch von ganzem
Herzen den besingen, den du liebst, und ihn mit
deinem Singen loben. „Sein Lob erschalle in der
Gemeinde der Frommen" (Ps 149,1). Das Lob Gottes
ist der Sänger selbst. Ihr wollt Gott loben? Dann
sagt mit eurem Leben, was ihr singt!   1

„Alle Völker sollen dir danken" (Ps 67,4). Geht euren Weg mit allen Völkern der Erde, ihr Kinder des Friedens, ihr Kinder der einen weltweiten Kirche! Singt unterwegs, so wie Reisende, die einen anstrengenden Weg auf diese Weise leichter ertragen. Singt unterwegs ein neues Lied, nur ja kein altes! Singt Liebeslieder auf eure Heimat im Himmel so wie Pilger; und meist singen sie nachts.   2

Ach Wahrheit, du Licht meines Herzens, lass nicht zu, dass meine innere Dunkelheit zu mir spricht! Ins Dunkel bin ich geraten, und es hat mich verschluckt. Aber dort, gerade dort, habe ich dich lieben gelernt. Ich hatte mich verirrt und konnte dich doch nicht vergessen. Ich hatte hinter meinem Rücken deine Stimme gehört, als du mich zur Umkehr riefst, doch ich war so gefangen in meinen unbefriedigten Leidenschaften, dass ich dich nicht weiter beachtete. Aber sieh, mit Glut im Herzen kehre ich zu deiner Quelle zurück und bin noch ganz außer Atem. Keiner kann mich mehr aufhalten; aus deiner Quelle will ich trinken, aus ihr will ich leben und nicht mehr mir selbst mein eigenes Leben sein.

Ich habe schlecht gelebt – nur aus mir selbst – und war für mich mein eigener Tod; doch in dir lebe ich wieder auf. So sprich zu mir! Über deine Bücher bin ich zum Glauben gekommen, in ihren Worten finde ich tiefste Geheimnisse.   3

Deine Sehnsucht ist dein Gebet,
lass sie nicht erkalten

Wo wir Christus wirklich nachfolgen, wird unser ganzes Leben heilige Sehnsucht. Du siehst nur noch nicht, wonach du dich sehnst. Die Sehnsucht bereitet dich darauf vor, das Ersehnte zu erfassen, wenn es kommt. Gott erfüllt unsere Erwartung nicht sofort, sondern hält uns in erwartungsvoller Sehnsucht; so weitet er unseren Geist und schafft damit den inneren Freiraum, in dem er uns erfüllen kann.   4

„All mein Sehnen, Herr, liegt offen vor dir" (Ps 38,10). Lege dein Sehnen vor den Vater hin; und er, der im Verborgenen sieht, wird dich erfüllen. Dein Sehnen ist dein Gebet. Es gibt ein Gebet in uns, das nie erlischt: unsere Sehnsucht. Und wenn du unaufhörlich beten willst, dann lass deine Sehnsucht nicht erkalten.   5

Die Stimme des Herzens

Es gibt eine Stimme des Herzens, und es gibt eine Sprache des Herzens. Mit dieser Stimme beten wir in unserem Inneren auch dann, wenn unsere Lippen geschlossen sind und nur unser Herz vor Gott offenliegt. Dann werden wir still und unser

Herz ruft; nicht um von Menschen gehört zu werden, sondern von Gott. Sei also gewiss: Gott hört dich.   6

In diesem Sinn ist unsere Sehnsucht, wenn sie sich aus Glauben und Hoffnung nährt, ein ständiges Gebet. Zugleich aber beten wir zu bestimmten Zeiten mit Worten zu Gott, um uns immer wieder an das Gebet in uns zu erinnern. Die Worte, mit denen wir beten, lassen unsere Sehnsucht wieder aufflammen und geben ihr eine Ausrichtung.

Langes Beten ist also weder unpassend noch sinnlos, sofern man Zeit hat und nichts zu kurz kommt, was an Gutem und Wichtigem von einem verlangt ist. Gerade im Tun des Guten betet ja die Sehnsucht in dir weiter.

Manche glauben, um lange zu beten muss man viele Worte machen (vgl. Mt 6,7). Das stimmt nicht! Viel Reden bedeutet nicht unbedingt, dass die Seele wirklich dabei ist. Vielrederei hat im Gebet nichts verloren. Lange zu beten aber ist dann gut, wenn es in uns die Sehnsucht wachhält. Im Gebet viel zu reden kann heißen, notwendiges mit unnötigen Worten zu sagen. Lange zu beten dagegen bedeutet, dass wir bei dem, zu dem wir beten, mit liebevollem Nachdruck anklopfen.   7

„Niemand kann zu mir kommen, wenn nicht der Vater, der mich gesandt hat, ihn zu mir zieht" (Joh 6,44). Jesus sagte nicht „zu mir führt", sondern „zieht". Dies ist ein Druck, der auf das Herz und nicht auf den Leib ausgeübt wird. Was verstehst du daran nicht? Glaube, und du setzt dich schon in Bewegung. Liebe, und du wirst zu ihm hingezogen. Stell dir nicht vor, dass dieser Druck bittere und schmerzhafte Gewalt wäre; vielmehr lockt und umwirbt dich Gott und zieht dich mit seiner sanften Art an. Muss man nicht auch ein Schaf zum frischen Gras locken, wenn es hungrig ist? Ich glaube, dass Gott einen Menschen nicht mit Gewalt zwingt, sondern dass er ihn durch die Sehnsucht zu sich hinzieht. So komm auch du zu Christus: Stell dir den Weg nicht länger vor als er ist; wo du glaubst, da setz dich in Bewegung! Er ist überall; man kommt durch die Liebe zu ihm und nicht auf weiten Wegen.

Aber auch auf einem solchen Weg brechen Fluten und Stürme verschiedener Versuchungen über uns herein. Darum vertraue dem Gekreuzigten; so kann dein Glaube sich bei Seenot an ein rettendes Holz klammern, und du gehst nicht unter, sondern wirst von ihm getragen. So konnte auch Paulus durch die Fluten dieser Welt fahren und sagen: „Ich will mich allein des Kreuzes Jesu Christi, unseres Herrn, rühmen" (Gal 6,14).   8

Der verlorene Sohn überlegte noch, was er seinem Vater sagen sollte, da kam dieser ihm schon entgegengelaufen (vgl. Lk 15,11–32). Was bedeutet dies anderes, als dass der Vater dem Sohn schon im Voraus Barmherzigkeit verspricht? Es heißt im Evangelium: „Der Vater sah ihn schon von weitem kommen und hatte Mitleid mit ihm und lief dem Sohn entgegen." Weshalb hatte er Mitleid mit ihm? Weil auch ihn das Elend seines Sohnes bedrückte. „Er lief dem Sohn entgegen und fiel ihm um den Hals", das heißt, er legte den Arm auf seine Schultern. Der Arm des Vaters: das ist der Sohn. Der Vater legte also seinem verlorenen Sohn Christus auf die Schultern, eine Last, die nicht beschwert, sondern erleichtert. Jesus sagte: „Mein Joch drückt nicht, und meine Last ist leicht" (Mt 11,30). Der Vater fiel dem Sohn, der sich gerade erhoben hatte, um den Hals. Und indem er ihm um den Hals fiel, verhinderte er, dass dieser wieder zu Boden stürzte. So leicht ist die Last Christi, dass sie uns nicht nur nicht hinabdrückt, sondern uns sogar aufrichtet. Es ist nicht wie bei anderen leichten Lasten, die zwar nicht schwer sind, aber dennoch ein gewisses Gewicht haben: Die Last Christi ist anders! Sie zu tragen bedeutet, Erleichterung zu erfahren. Wenn man sie wieder ablegt, ist man umso bedrückter. Als der Vater seinem Sohn um den Hals fiel, da drückte er ihn nicht nieder, sondern erleichterte ihn. Er legte ihm keine Last, sondern eine Ehre auf. Wie soll der Mensch sonst in der Lage sein, Gott zu tragen, wenn nicht Gott selbst ihn bereits tragen würde? 9

Bevor Jesus den toten Lazarus auferweckte, wird über ihn gesagt: „Er war im Innersten erregt und erschüttert" (Joh 11,33). Der Mensch Jesus Christus, der eine Mittler zwischen Gott und den Menschen, führte uns zur größten Größe des menschlichen Lebens, musste aber mit uns auch das tiefste Leid durchmachen. Ich höre, wie er sagt: „Meine Seele ist zu Tode betrübt" (Mt 26,38). Was soll das? Du willst von mir, dass ich jemandem nachfolge, der traurig ist? Wie soll ich ertragen, was nicht einmal du, der Starke, ertragen kannst? Wo ist mein Fundament, wenn der Fels selbst nachgibt?

Doch mir ist, als hörte ich den Herrn antworten und zu mir sagen: „Ich trete zwischen dich und deine Last, so kannst du mir nachfolgen. Du hast in dir von meiner Stärke gehört, ich in mir von deiner Schwäche. Ich gebe dir Kraft, damit du läufst und schneller vorankommst. Ich nehme auf mich, was dir Angst macht, und breite es vor dir aus, wie einen Weg, auf dem du gehen kannst." O Herr, du Mittler und Gott von uns allen, für uns Mensch geworden, deine Barmherzigkeit tut sich mir auf. 10

Liebe, und er wird in dir wohnen

Wie sollen wir den Herrn loben, wenn er so weit weg ist? Es hängt von dir ab, ob er weit entfernt ist oder nicht! Liebe, und er kommt näher; liebe, und er wird in dir wohnen. Der Herr ist ganz nahe, sorgt euch um nichts! Willst du sehen, auf welche Weise Gott bei dir ist, wenn du liebst? „Gott ist die Liebe" (1 Joh 4,8). Was verlierst du dich in Gedankenspielen und überlegst: „Wer ist Gott? Wie ist Gott?" Was auch immer du dir vorstellst, er ist nicht so. Wenn du ihn dir nämlich vorstellen könntest, dann wären das nur Gedanken und nicht Gott selbst. Damit du aber eine Ahnung von ihm bekommst, heißt es: „Gott ist die Liebe." 11

Womit können wir beginnen, wenn wir lieben wollen? Was vollkommene Liebe ist, habt ihr bereits gehört. Der Herr selbst hat uns im Evangelium gezeigt, worin sie besteht und wie wir zu ihr gelangen: „Es gibt keine größere Liebe, als wenn einer sein Leben für seine Freunde hingibt" (Joh 15,13). Er zeigt uns also im Evangelium die vollkommene Gestalt der Liebe, und lädt uns im ersten Johannesbrief ein, sie in unserem Leben zu verwirklichen. Eure Frage aber ist: „Wie können wir jemals zu einer solchen Liebe gelangen?" Zweifle nicht zu schnell an dir selbst! Vielleicht ist diese Liebe schon in dir geboren und nur noch nicht vollkommen. Gib ihr Nahrung, damit sie nicht eingeht! Nun wirst du vielleicht einwenden: „Aber woher weiß ich, dass diese Liebe schon in mir ist?" Wodurch sie vollkommen wird, haben wir gehört. Womit sie beginnt, wollen wir jetzt hören.

Johannes sagt dazu: Wie kann die Liebe Gottes in einem bleiben, der seinen Bruder Not leiden sieht und, obwohl er reich ist, sein Herz vor ihm verschließt (vgl. 1 Joh 3,17)? Damit beginnt die Liebe! Wenn du noch nicht so weit bist, für deinen Bruder zu sterben, dann fang schon an, ihm etwas von dem, was du hast, abzugeben! Von dem Moment an bewegt dich die Liebe, so dass du aus tiefer Barmherzigkeit handelst und nicht mehr nur, um gut dazustehen. Dann gehen dir die Augen für die Not deines Nächsten auf.   12

Tür des Lebens

„Einer der Soldaten öffnete mit dem Speer die Seite des Gekreuzigten, und sogleich floss Blut und Wasser heraus" (Joh 19,34). Der Evangelist hat seine Worte mit Bedacht gewählt und nicht gesagt: „Er durchstieß" oder „er verletzte seine Seite" oder etwas Ähnliches, sondern er schrieb: „Er öffnete." In diesem Moment wurde nämlich gewissermaßen die Tür des Lebens aufgetan, aus der die Sakramente der Kirche herausflossen. Ohne sie gelangt man nicht zum wahren Leben. Das Blut Christi wurde zur Vergebung der Sünden vergossen und wird zusammen mit dem Wasser für uns zum Bad der Taufe und zum Trank der Eucharistie.

Die erste Frau wurde aus der Seite des schlafenden Mannes geformt (vgl. Gen 2,22). Sie wurde Eva genannt, d. h. „Leben" und „Mutter aller Lebenden". Am Kreuz neigte der sterbende Christus, der zweite Adam, sein Haupt, damit ihm aus der Seite seines Leibes eine Braut geformt würde. O Tod Christi, durch den die Toten auferstehen! Was ist reiner als dieses Blut? Was wirkt größeres Heil als diese Wunde?   13

„Christus wird leiden und am dritten Tage von den Toten auferstehen, und in seinem Namen wird man allen Völkern verkünden, sie sollen umkehren, damit ihre Sünden vergeben werden" (Lk 24,46–47). Wo die Vergebung der Sünden ist, da ist die Kirche. Wie, die Kirche? Ja, denn ihr wurde gesagt: „Ich werde dir die Schlüssel des Himmelreichs geben; was du auf Erden binden wirst, das wird auch im Himmel gebunden sein, und was du auf Erden lösen wirst, das wird auch im Himmel gelöst sein" (Mt 16,19). Wie weit aber geht diese Vergebung der Sünden? Zu „allen Völkern, angefangen in Jerusalem" (Lk 24,47).   14

Gemeinsam ein Leib

Hören wir, was der Apostel sagt: „Ihr seid mit Christus auferweckt; darum strebt nach dem, was im Himmel ist, wo Christus zur Rechten Gottes sitzt" (Kol 3,1). Christus stieg hinauf, ohne uns zu verlassen, und wir sind zusammen mit ihm schon dort; dies ist wahr, auch wenn an unserem Leib noch nicht eingelöst wurde, was uns versprochen worden war. Christus ist zwar über die Himmel erhöht worden, dennoch spürt er das Leid, das wir hier auf Erden erfahren; sind wir doch Glieder seines Leibes. Dies bezeugte er, als seine Stimme vom Himmel rief: „Saul, Saul, warum verfolgst du mich?" (Apg 9,4), und als er sagte „Ich war hungrig, und ihr habt mir zu essen gegeben" (Mt 25,35).

Warum tun wir nicht alles in unserem Leben so, dass wir durch Glauben, Liebe und Hoffnung, die uns mit ihm verbinden, schon jetzt mit ihm zusammen im Himmel ruhen? Christus ist doch, auch wenn er dort ist, gleichzeitig bei uns, und wir sind bereits bei ihm, während wir noch hier auf Erden leben.

Als er zu uns herunterstieg, hat er den Himmel nicht verlassen; genauso wenig hat er uns verlassen, als er in den Himmel zurückkehrte. Mit seinen Worten machte er deutlich, dass er gleichzeitig dort oben war, während er hier unter uns lebte: „Niemand ist in den Himmel hinaufgestiegen außer dem, der vom Himmel herabgestiegen ist: der Menschensohn" (Joh 3,13). Damit spricht er von der Einheit zwischen ihm und uns, denn er ist unser Haupt, und wir sind sein Leib. 15

Der Apostel Paulus nennt eine ganze Reihe von Gaben, die Gott den Gliedern des Leibes Christi, d.h. der Kirche, anvertraut hat. Weiter sagt er, dass jeder Mensch ganz persönliche Gaben bekommen hat und nicht alle dieselben, was ja unmöglich wäre. Es gibt niemanden, dem Gott keine Gabe anvertraut hätte! Paulus spricht von „Aposteln, Propheten, Lehrern, Menschen, die in Zungen reden, die Krankheiten heilen, die helfen und leiten" (vgl. 1 Kor 12,28) und sagt damit, dass wir bei jedem eine besondere Gabe Gottes erkennen. Niemand soll traurig sein, dass er nicht die gleiche Gabe wie die anderen hat. Jeder soll sich vielmehr in Liebe über die Gaben des anderen freuen und sie ihm nicht neiden. Damit hat er, was er selbst nicht hat; denn alles, was mein Bruder hat, ist auch mein, sofern ich es ihm nicht neide, sondern es in Liebe annehme. Ich habe es nicht in mir, aber in ihm. Es wäre nicht mein, wenn wir nicht gemeinsam ein Leib wären und zusammen unter einem Haupt stünden. So kann man sagen: Die Liebe ist unter den Gliedern Christi das, was für die Glieder unseres Leibes die Gesundheit ist. 16

In Erwartung der Erfüllung

Die Kirche kennt aus Gottes Offenbarung das Leben in zwei unterschiedlichen Gestalten: das Leben im Glauben und das Leben des Schauens. Ersteres ist das Leben der Pilgerschaft auf Erden, das andere ist das Leben in einer festen Wohnung, das uns für die Ewigkeit verheißen ist; das eine ist unser Leben im Einsatz für die anderen, das andere ist dessen Erfüllung in stiller Betrachtung.

Das erste Leben wird durch den Apostel Petrus symbolisiert, das zweite durch Johannes. Zu Petrus sagte Jesus: „Folge mir nach!", doch über Johannes sagte er: „Wenn ich will, dass er bis zu meinem

Kommen bleibt, was geht das dich an? Du folge mir nach!" (Joh 21,19.22). Was bedeutet das? Soweit ich verstehe, kann das nichts anderes heißen als: „Folge mir nach, indem du wie ich die Leiden dieses Lebens durchstehst! Der andere Jünger hingegen soll bleiben bis ich komme, um euch Erfüllung zu bringen, die nie vergeht." Vielleicht kann man es noch deutlicher sagen: „Du sollst mir durch die Vollkommenheit deines Handelns nachfolgen, indem du dich vom Vorbild meines Leidens prägen lässt. Deine stille Betrachtung aber, in der du jetzt schon lebst, so gut du kannst, sie sollst du fortführen bis ich wiederkomme und sie in dir zur Vollendung führe."

Die Worte Jesu: „Ich will, dass er bleibt, bis ich komme", sind nicht als „zurückbleiben" oder „in diesem Leben bleiben" zu verstehen; Jesus meint hier vielmehr, wir sollen ihn „erwarten". Denn die durch Johannes symbolisierte Dimension unseres Lebens gelangt noch nicht gleich zur Erfüllung, sondern erst, wenn Christus kommt. Anders ist es bei dem, was Petrus symbolisiert, zu dem Jesus sagte: „Du folge mir nach!" Hier ist kein Aufschub möglich, will man zu dem gelangen, was man erwartet.

Niemand aber unterstehe sich, diese beiden herausragenden Apostel gegeneinander auszuspielen! In dem, was Petrus symbolisiert, ist beides angelegt, und beide werden eines Tages zu dem gelangen, was Johannes symbolisiert. Nur im übertragenen Sinn folgte der eine Christus unmittelbar nach und blieb der andere zurück. Im Glauben ertrugen beide die Leiden dieses irdischen Lebens, und beide erwarteten die Erfüllung im Kommenden; darin sind sie nicht allein, denn mit ihnen wartet die ganze Kirche auf Christus wie eine Braut.

Petrus, der Erste der Apostel, hat für uns alle, die wir im Glauben zum Leib Christi gehören, die Schlüssel des Himmelreichs empfangen und damit den Auftrag, uns durch dieses stürmische Leben zu führen, Sünden nachzulassen und Sünden zu binden. Genauso hat sich der Evangelist Johannes als Erster von uns allen an die Schulter Christi gelehnt und sich bei ihm ausgeruht; so hat er den Frieden des in Gott verborgenen Lebens für uns vorweggenommen. 17

Gregor der Große

(540 – 604 n. Chr.)

Gregor wurde schon im Alter von 33 Jahren Stadtpräfekt von Rom. Von einem Tag auf den anderen zog er sich aus dem politischen Leben zurück und trat in ein Kloster ein. Der Papst schickte ihn als Gesandten zum Kaiser von Konstantinopel; im Jahre 590 wird er selbst Bischof von Rom. Gregor lebte zu einer Zeit, in der das Römische Reich am Zusammenbrechen war und sich damit eine ganze Kultur auflöste. In dieser Phase tiefgreifender Umbrüche sorgte Gregor durch seinen Glauben und seinen Mut für Kontinuität und bahnte, ohne es zu ahnen, Wege für die Zukunft der Kirche.

Gott sieht deutlicher, was uns im Innersten bewegt, als ein Mensch unser Äußeres sieht.   1

Der Schrei der Seele ist Ausdruck ihrer Sehnsucht. Je schwächer nämlich einer schreit, desto leiser ist seine Sehnsucht, und je lauter die Seele in die Ohren des Geistes hineinruft, der unendlich ist, desto mehr kommt in diesem Schrei ihre Sehnsucht zum Ausdruck. Mit ihrer Sehnsucht spricht die Seele zu Gott.   2

Wenn man einen Fensterladen auch nur einen Spalt öffnet, fällt das Licht schon herein und erhellt das ganze Zimmer. So ist es auch bei der Seele: Wenn sie auch nur einen leichten Widerschein des Lichtes wahrnimmt, wird sie dennoch ganz weit. Mag sein, dass unser Geist nur wenig von dem begreift, was er sieht, und noch weniger versteht, wo es um die Ewigkeit geht. Doch dieses Wenige macht die Seele weit und lässt Begeisterung und Liebe in ihr wachsen, sobald sie das Licht der Wahrheit auch nur durch einen schmalen Spalt in sich einlässt.   3

Was ist die Heilige Schrift anderes als ein Brief des allmächtigen Gottes an sein Geschöpf? Der Herr des Himmels, der Herr über Menschen und Engel, er selbst hat dir geschrieben, damit du das Leben hast. So nimm dir jeden Tag Zeit und betrachte die Worte deines Schöpfers; denn in seinen Worten offenbart er dir sein Herz!   4

Der Herr erschloss den Jüngern von Emmaus (vgl. Lk 24,13–35) die Geheimnisse des Alten Testamentes, in dem von ihm die Rede ist. Er erschien den Jüngern als Fremder; sie hatten ihn noch nicht als ihren Herrn wiedererkannt. Darum tat er so, als ob er weitergehen wollte, und handelte damit wie der Fremde, für den sie ihn hielten. So stellte er sie auf die Probe, weil er sehen wollte, ob sie ihn, wenn nicht als Gott, so doch als einen Fremden lieben würden. Es heißt: „Sie aber nötigten ihn zu bleiben" (Lk 24,29). Dieses Beispiel lehrt uns, dass man einen Fremden bisweilen drängen muss, zu Gast zu bleiben.

Als die Jünger den Tisch deckten und das Essen herrichteten, erkannten sie Gott beim Brechen des Brotes; ihn, den sie vorher nicht erkannt hatten, als er ihnen die Schrift auslegte.

Nicht beim Hören auf die Schrift ging ihnen ein Licht auf, sondern als sie spontan taten, was Gott verlangt. So steht auch geschrieben: „Nicht die sind vor Gott gerecht, die das Gesetz hören, sondern die das Gesetz tun" (Röm 2,13). Wer also wirklich begreifen will, was er gehört hat, der setze sofort in die Tat um, was er verstanden hat. Wurde doch auch der Herr nicht an seinen Worten erkannt, vielmehr offenbarte er sich, als man ihm Gutes tat.

Schätzt also die Gastfreundschaft und handelt aus Liebe in Freude! Nehmt Christus bei euch als Gast auf, damit auch er euch zum ewigen Gastmahl aufnehmen kann. Bietet dem fremden Christus Gastfreundschaft, damit er euch am Tage des Gerichts nicht für Fremde hält, sondern euch wie jemanden, der zur Familie gehört, in sein Reich aufnimmt.   5

Gott schenkt dem Menschen seine Gnade nicht als Belohnung für Verdienste; die Gnade Gottes geht dem Handeln des Menschen vielmehr voraus:

Indem sich Gott mit seiner Gnade des Menschen annimmt, macht er ihn erst zur guten Tat fähig. Ebenso ist es, wenn Gott zu einer Seele kommt, die seiner eigentlich nicht würdig ist: Er macht sie seiner würdig, indem er kommt. Er selbst ist es, der die gute Tat im Menschen vollbringt, und ihn belohnt, selbst wenn er nur Verurteilenswertes vorfindet. 6

Das Feuer weitergeben

„Wer den Willen meines himmlischen Vaters erfüllt, der ist für mich Bruder und Schwester und Mutter" (Mt 12,50).

Wer den Willen des Vaters tut, wird Schwester und Bruder des Herrn genannt; das ist noch nichts Besonderes – werden doch überall Frauen und Männer zum Glauben berufen. Erstaunlich ist erst, dass ein Mensch, der den Willen des Vaters tut, auch Mutter des Herrn genannt wird. Wie kann einer, der zum Glauben kommt und so Bruder oder Schwester des Herrn wird, auch dessen Mutter sein? Wir dürfen hierbei Folgendes nicht vergessen: Wer glaubt, ist für Christus Bruder und Schwester; indem er das Wort Gottes verkündigt, wird er darüber hinaus zu seiner Mutter, denn er bringt den Herrn gewissermaßen zur Welt, wenn er ihn ins Herz seines Zuhörers eingießt. Er wird zur Mutter des Herrn, wenn er durch seine Stimme in seinem Nächsten die Liebe zu Gott wachruft.

Die heilige Felicitas, deren Martyrium wir heute gedenken, hilft uns, dies nachzuvollziehen. Durch ihren Glauben wurde sie eine Dienerin Christi, und durch ihr Verkündigen wurde sie Mutter Christi. Als man sie zur Zeit der Christenverfolgung festnahm, verkündete sie ihren sieben Söhnen das Wort Gottes und bestärkte sie so in der Liebe zu ihrer himmlischen Heimat. Auf diese Weise gebar sie ihre leiblichen Söhne im Geiste noch einmal. Durch ihr Verkündigen gebar sie die für Gott, die sie bereits einmal leiblich zur Welt gebracht hatte. 7

Es gibt Menschen, die sich mit jedem Atemzug nach ihrem Schöpfer sehnen, sobald sie die Wirklichkeiten Gottes gesehen haben, und wie eine Fackel brennen. Sie lieben und brennen und finden sogar Ruhe in ihrem Feuer. Sie brennen vor Liebe, und wenn sie reden, springt das Feuer auf andere über. Wenn sie einen anderen mit ihrem Wort berühren, entfachen sie auch in diesem das Feuer der Liebe zu Gott. 8

Was erwarten wir vom Leiter einer Gemeinde? Er soll jedem Einzelnen mit Mitgefühl nahe sein und sich mehr als die anderen in geistliche Betrachtung versenken. So nimmt er in seiner Güte die Schwächen der anderen auf sich und in seiner geistlichen Betrachtung geht er über sich selbst hinaus dem Gipfel des Unsichtbaren entgegen. Doch darf er bei all seinen eigenen Bemühungen nie die Schwäche seines Nächsten verachten, noch sich dazu verleiten lassen, dessen Schwäche zu übernehmen und die Suche nach Gott aufzugeben.

Die Wahrheit, die selbst Mensch wurde wie wir und uns erschienen ist, betete oben auf dem Berg und wirkte unten in den Städten Wunder; so ist sie denen ein Vorbild, die ein Amt unter uns versehen: Auch wenn sie in ihren geistlichen Betrachtungen nach dem Höchsten streben, sollen sie dennoch auf die Nöte der Schwachen verständnisvoll eingehen. Denn wenn sie bereit sind, sich voll Barmherzigkeit in die Abgründe eines Nächsten hinabzulassen, dann erhebt die Liebe sie auf wunderbare Weise in die Höhe. Je weiter sie voll Güte in die tiefste Tiefe hinabsteigen, desto mehr wenden sie sich auch voller Kraft dem Höchsten zu. 9

Maximus der Bekenner

(580 – 662 n. Chr.)

Maximus wuchs in Konstantinopel auf und wurde Mönch. Inmitten der Erschütterungen seiner Zeit zog er durch den Mittelmeerraum und kam nach Karthago und Rom. Seine Standhaftigkeit im Glauben brachte ihn in Konflikt mit Byzanz; zusammen mit Papst Martin I. wurde er festgenommen, wegen Hochverrats verurteilt und deportiert. Er starb am Schwarzen Meer, nachdem er dem Glauben an Christus auch unter schlimmen Misshandlungen bis zum Ende treu geblieben war.

Man kann sagen, dass Gott und Mensch einander zum Vorbild nehmen: Gott nimmt in seiner Barmherzigkeit immer deutlicher menschliche Züge an, wo sich der Mensch, durch die Liebe gestärkt, Gott nähert.   1

Der Weg der Liebe

Nichts bringt uns so nahe zu Gott wie die Barmherzigkeit, die wir denen aus ganzem Herzen schenken, die sie brauchen. Hat Christus – das menschgewordene Wort – doch selbst gesagt, dass Gott unser Erbarmen braucht: „Was ihr für einen meiner geringsten Brüder getan habt, das habt ihr mir getan" (Mt 25,40). Dies sind Worte Gottes!

In einem Armen haben wir Gott vor uns, weil Gott um unsretwillen herabgekommen ist und sich zum Bettler gemacht hat. Durch sein Mitleiden hat er das Leid eines jeden Menschen auf sich genommen; Gott liebt uns so sehr, dass er bis zur Vollendung der Welt jedes Leid eines Menschen im Verborgenen mitleidet.   2

Der Urheber aller Schöpfung bekleidet sich aus Liebe selbst mit unserem menschlichen Wesen, indem er es ohne Abstriche in einer Person mit sich vereinigt – ein wahrhaft unerhörter Gedanke und eine Botschaft, die uns erschüttert! Gott hat die Liebe zu einem strahlenden Weg gemacht, zu einem wahrhaft göttlichen Weg, der zu ihm führt. Man kann sogar sagen, dass dieser Weg selbst Gott ist. Christus hat für uns gelitten, er ist diesen Weg der Liebe selbst gegangen und hat auf ihm alle Hindernisse weggeräumt.   3

Unsere Freiheit in Gottes Willen

Als Christus auf sein Leiden zuging, mit dem er uns erlöste, und unser menschliches Leben und Wesen in seiner letzten Konsequenz auf sich nahm, da reagierte er ganz menschlich und versuchte, dem nahenden Tod aus dem Weg zu gehen. Damit zeigte er, dass zwei Willen in ihm wohnten. Aber selbst in dieser Situation stand sein Wille nicht gegen Gottes Willen: Christus betete und bekannte damit Gott, ohne gezwungen zu sein, seine Schwäche als Mensch inmitten einer derartigen Bedrängnis; somit widersetzte er sich nicht im Geringsten, sondern betete: „Wenn es möglich ist" und: „Aber nicht wie ich will, sondern wie du willst" (Mt 26,39).

Darin, dass er sich in seiner Bedrängnis mit aller Kraft gegen den Tod auflehnte, stellte Christus seinen Willen nicht gegen Gottes Willen; vielmehr nahm er unser menschliches Leben und Wesen wirklich bis zum Letzten auf sich. Er durchlebte für kurze Zeit sogar die menschliche Todesangst, um uns damit von ihr zu befreien; er hat uns nicht nur zum Schein erlöst, sondern machte klar, dass er Herr über unser Menschsein ist. Als Christus sich am heftigsten gegen den Tod auflehnte und sein menschlicher Wille am stärksten durchbrach, da trat die Übereinstimmung und Einheit mit dem Willen des Vaters hervor. Er willigte ein und betete mit den Worten: „Nicht wie ich will, sondern wie du willst." 4

Gott sehnt sich danach ...

Christus hatte eine so unendliche Sehnsucht nach den Menschen, dass er selbst wurde, wonach er sich sehnte. Dabei veränderte sich sein Wesen nicht, auch wenn man kaum mit Worten beschreiben kann, welche Selbstentäußerung es für Christus bedeutete, das menschliche Leben und alles, was es ausmacht, in sich anzunehmen; so wie man auch kaum begreifen kann, dass er dabei an unserem Menschsein nicht das Geringste übergangen oder verändert hat.   5

Denn Christus ist nicht gekommen, um das menschliche Wesen, das er als Gott und Wort Gottes geschaffen hatte, zurechtzubiegen. Er ist gekommen, damit der Mensch selbst göttlich würde, und zwar mit allem, was zu ihm gehört.   6

Beim Schmieden eines Schwertes verbinden sich Feuer und Eisen miteinander: die Schneide des Schwertes wird glühend und die Glut in gewisser Weise scharf.

Man könnte auch so sagen: die Schneide des Schwertes nimmt die Glut des Feuers in sich auf, indem das Eisen sich mit dem Feuer vereint, um zu glühen, und das Feuer mit dem Eisen zusammengeht, um scharf zu werden.

In gleicher Weise vereint die geheimnisvolle Menschwerdung Christi Gott mit den Menschen.   7

... dass wir ihm ähnlich werden

Wie kommt es, dass wir, die wir doch durch die Taufe aus Gott geboren sind, trotzdem noch sündigen können?

Ich würde sagen: Man kann auf zwei Arten aus Gott geboren sein. Bei der ersten Art ist uns die Gotteskindschaft erst als Möglichkeit gegeben, die es noch zu verwirklichen gilt. Bei der zweiten ist sie uns tatsächlich geschenkt; sie wirkt in dem aus Gott Geborenen, indem sie ihn dieses Geschenk immer tiefer verstehen lässt, so dass sich sein Wille immer mehr mit dem Willen Gottes deckt. Im ersten Fall ist diese Gnade erst als Möglichkeit im Glauben gegeben, im zweiten Fall wirkt in uns außer dem Glauben auch noch eine tiefere Erkenntnis Gottes, durch die wir Gott immer ähnlicher gemacht werden. Denn der Geist drängt sich dem menschlichen Willen niemals auf, sondern gestaltet den Menschen, der sich danach sehnt, Gott ähnlich zu werden.   8

Ziel unseres Glaubens ist, dass sich der, an den wir glauben, uns voll offenbart. Wenn dieser sich uns in seiner ganzen Wahrheit offenbart, dann gehen wir in eine unbeschreibliche Gemeinschaft mit Gott ein, entsprechend unserem Glauben.

In den eingehen, an den wir glauben, bedeutet, zu dem zurückzukehren, der Ursprung und Ziel unseres Seins ist; in ihm findet unser ganzes Streben seine Erfüllung. Es erfüllt sich, weil wir nun, ohne stehen zu bleiben, auf immer bei dem sein dürfen, zu dem hin wir unterwegs sind. Bei ihm zu sein, ist reiner Genuß, den nichts mehr stört, ein Genuss, bei dem wir am Göttlichen selbst, das unsere Natur übersteigt, teilhaben. Aber wir haben nicht nur an ihm teil, sondern werden auch selbst dem Göttlichen immer ähnlicher; dies geschieht jedoch nicht nur äußerlich, sondern wir werden, was Gott ist, indem wir es wirksam empfangen. In diesem Sinn kann man sagen, dass wir göttlich werden.   9

Für Gott, der die Fülle schlechthin ist, bestand keine Notwendigkeit, die Kreatur ins Sein zu rufen. Gott wollte vielmehr, dass die Schöpfung sich über das freue, was er ihr mitgegeben hat. So freut sich auch Gott, wo immer er sieht, wie seine Geschöpfe sich voll Freude an seinen unerschöpflichen Gaben sättigen.   10

Er legt uns die Spur

Man könnte Christus ohne Übertreibung als Vorläufer seiner selbst bezeichnen: Er offenbart sich den Menschen, die ihn im Alten und im Neuen Testament zu erkennen suchen, indem er ihnen mit versteckten Andeutungen, prophetischen Worten und Beispielen eine Spur legt. So führt er sie zur Wahrheit, die sie aus sich selbst heraus nicht erreichen könnten.   11

Die Unendlichkeit hat zwar etwas mit Gott zu tun, sie ist aber nicht Gott. Denn Gott übersteigt auch sie noch auf seine ganz unvergleichbare Art.   12

Die Seele, die sich Gott nähert, möchte in ihrer großen Sehnsucht und Ungeduld dem Wesen Gottes sofort auf den Grund gehen. Was sie dabei findet, tröstet sie aber nicht, denn kein Geschöpf ist jemals imstande, das Wesen Gottes selbst zu verstehen. Wirklichen Trost findet die Seele erst, wenn sie das betrachtet, womit wir Gott beschreiben: seine Ewigkeit, Unendlichkeit und Unbegrenztheit, seine Güte und Weisheit, seine schöpferische, vorhersehende und Gerechtigkeit stiftende Macht. Aber auch davon können wir nur eines wirklich verstehen: seine Unendlichkeit. Wo wir uns einbilden, jenseits der Grenzen unseres Verstandes etwas verstanden zu haben, haben wir gar nichts verstanden.   13

Man kann Gott nicht mit Worten beschreiben; durch seine Undefinierbarkeit unterscheidet er sich grundsätzlich von allem anderen. Wo die Heilige Schrift von Gottes Gestalt, seinem Aussehen oder seinem Gesicht spricht, da sind wir herausgefordert, über die Vorstellungen von rein Körperlichem hinauszugehen.   14

Gemeinschaft für alle

Männer, Frauen und Kinder, gleich welcher Abstammung, gleich wie sie aussehen, zu welchem Volk sie gehören und welche Sprache sie sprechen, aus allen Klassen, Berufen und Bildungsschichten, mit den unterschiedlichsten Talenten, Charaktereigenschaften und Lebenseinstellungen, alle werden in der Kirche neu geboren und vom Geist Gottes neu geschaffen. Jedem Einzelnen von ihnen vertraut die Kirche dieselbe göttliche Gabe an: aus Christus zu leben und nach ihm benannt zu sein. Allen gemeinsam gibt die Kirche im Glauben eine einzige, unteilbare und unzerstörbare Gestalt, in der die Unterschiede zwischen den Menschen, auch wenn sie weiterhin bestehen, keine Rolle mehr spielen. Die Kirche ist eine weltweite Gemeinschaft von so unterschiedlichen Menschen, dass niemand aus ihr herausfallen kann; zusammen stellen alle eine organische Einheit dar und sind durch die schlichte und unaufhebbare Gnade und die Kraft des Glaubens miteinander verbunden. So ist Christus alles in allen und sammelt mit der einfachen, aber unendlich weisen Kraft seiner Güte alles in sich, wie ein Mittelpunkt, in dem sich alle Linien treffen. Die verschiedenen Geschöpfe und Werke des einen Gottes sollen sich nicht mehr fremd oder gar feindlich gegenüberstehen, sondern einen Ort haben, an dem sie in Freundschaft und Frieden miteinander leben können. 15

Johannes von Damaskus

(650 – ca. 750 n. Chr.)

Zu Lebzeiten des Johannes breitete sich der Islam bis zu seiner Heimatstadt Damaskus aus. Johannes, selbst christlicher Araber, hatte ein hohes Amt in der Stadtverwaltung, bevor er Mönch wurde.

O grenzenlose Güte Gottes! O Liebe, die jede Erklärung übersteigt. Der ins Dasein ruft, was nicht ist, der Himmel und Erde erfüllt, dem der Himmel Thron und die Erde Fußschemel ist (vgl. Jes 66,1): Er selbst ist in den Schoß seiner Magd gekommen und hat in ihr das größte aller Geheimnisse vollendet. Er, Gott selbst, wird Mensch und lässt sich als Säugling von Menschen in den Armen tragen; er, der Abglanz der Herrlichkeit, das Abbild des Vaters (vgl. Hebr 1,3), der die ganze Welt durch ein Wort seines Mundes trägt. 1

Die Gottesgebärerin

Wir wollen dich ehren, Maria, so gut wir können mit Psalmen, Lobgesängen und geistlichen Liedern. Doch so wie es dir zusteht, wird es uns nie gelingen.

Wie die Heilige Schrift sagt, zeigen wir, wie sehr wir unseren gemeinsamen Herrn lieben, wenn wir einem anderen seiner Diener die Ehre erweisen und mit Ehrfurcht begegnen. Wie sollten wir dann nicht besonders dir, Maria, die du den Herrn geboren hast, die Ehre erweisen und darin nicht nachlassen? Könnten wir deine Verehrung für weniger wichtig halten als das zum Leben notwendige Atmen – lässt diese Verehrung doch das Leben in uns wohnen? Auf diese Weise zeigen wir, wie sehr wir Christus lieben. Mit ihm zusammen sei dem Vater Ruhm, Ehre, Macht, Größe und Herrlichkeit, in Gemeinschaft mit seinem hochheiligen, guten und Leben spendenden Geist, jetzt und immer und in alle Ewigkeit. Amen. 2

Aus der Tradition des Mönchtums

Das christliche Mönchtum begann am Anfang des 4. Jahrhunderts mit den Wüstenvätern in Ägypten. Die Einsiedler unter ihnen beriefen sich anfangs auf Antonius (251–356 n. Chr.), die in Gemeinschaft lebenden Mönche auf Pachomius (286–346 n. Chr.). Über Palästina, Syrien und Kleinasien breitete sich das Mönchtum bis nach Armenien aus, später auch in der westlichen Kirche und bei den slawischen Völkern. Die folgenden Texte stellen weitere Zeugen des Mönchtums vor, das allen Christen eine tiefere Dimension des inneren Lebens eröffnen kann.

Die Wüstenväter

Abba (Vater) Josef von Panepho sprach zu Abba Lot: „Du kannst nicht Mönch werden, wenn du nicht brennst wie Feuer."   1

Abba Poimen überlieferte vom seligen Abba Antonius folgenden Ausspruch: „Der Mensch ist groß, wenn er vor Gott seine Schuld abwirft und bereit ist, bis zum letzten Atemzug durch Anfechtungen zu gehen."   2

Abba Pastor sagte: „Es gibt nichts Größeres als die Liebe, die ihr Leben für den Nächsten hingibt (vgl. Joh 15,13). Wenn einer durch eine Bemerkung verletzt wird, soll er – so gut er kann – kämpfen, sich selbst beherrschen und nicht seinerseits den anderen betrüben. Auch soll er seine Verletzungen geduldig ertragen und es demjenigen, der ihn verletzt hat, nicht heimzahlen wollen. Auf diese Weise gibt er sein Leben für den Nächsten."   3

Jemand fragte den alten Abba Poimen, an wen das Bibelwort gerichtet ist: „Sorgt euch nicht um den morgigen Tag" (Mt 6,34). Der Greis antwortete ihm: „Es richtet sich an einen Menschen, der in Versuchung geraten und kraftlos ist. Er soll sich nicht bei dem Gedanken aufhalten: Wie lange werde ich noch mit den Versuchungen zu kämpfen haben? Vielmehr soll er an jedem Tag ‚heute' sagen."   4

Abba Johannes Kolobos sagte einmal: „Der Versucher wollte Ijob zunächst dadurch zu Fall bringen, dass er dessen Hab und Gut zerstörte. Als Ijob jedoch über seinen Verlust nicht klagte und sich auch nicht gegen Gott auflehnte, griff er dessen Gesundheit an. Aber auch dann kam kein Wort der Sünde aus dem Mund dieses tüchtigen Kämpfers; denn er hatte in seinem Inneren etwas, das Gott gehört und ihm festen Halt gab."   5

Johannes von Theben, genannt „der Kleine", Schüler des Abba Ammoes, diente seinem kranken Meister zwölf Jahre lang. Oft saß er mit ihm auf derselben Matte, doch sein Meister schenkte ihm keine Beachtung. Obwohl er alles für Abba Ammoes tat, sagte dieser kein einziges Mal: „Sei erlöst!"

Als Ammoes im Sterben lag und die Alten sich um ihn versammelten, ergriff er die Hand seines Schülers und sagte: „Sei erlöst, sei erlöst, sei erlöst!" Dann vertraute er ihn den Alten mit den Worten an: „Er ist ein Engel, kein Mensch." 6

In der Wüsten-Sketis hatte ein Mönch einen schweren Fehler begangen. Die Brüder berieten sich und baten Abba Moses, zu ihnen zu kommen. Der aber wollte nicht. Daraufhin ließ ihm der Älteste ausrichten: „Komm, wir warten alle auf dich!" Da stand Moses auf, nahm einen geflochtenen Korb, füllte ihn mit Sand und machte sich auf den Weg. Als er so daherkam, fragten ihn die versammelten Brüder: „Was soll denn das, Vater?" Der greise Mann aber antwortete ihnen: „Meine Sünden sind hinter mir zerronnen, und ich sehe sie nicht mehr. Dabei kam ich doch, um über die Verfehlungen eines anderen zu urteilen." Als die Anwesenden das hörten, sagten sie nichts mehr und vergaben dem Bruder. 7

Abba Zeno sagte einmal: „Wer will, dass Gott sein Gebet schnell erhört, soll, wenn er aufsteht und seine Hände Gott entgegenstreckt und –

noch bevor er für sich selbst etwas verbittet – von ganzem Herzen für seine Feinde beten. Durch diese gute Tat wird Gott ihm alles gewähren, worum er ihn bittet." 8

Ein alter Mönch sprach: „Ein Mönch, der nur zu den Gebetszeiten betet, der betet gar nicht." 9

Abba Makarios wurde einmal gefragt: „Wie sollen wir beten?" Der alte Mann antwortete darauf: „Es ist nicht nötig, viele Worte zu machen (vgl. Mt 6,7), sondern es genügt, die Hände auszustrecken und zu sagen: ‚Herr, nach deinem Willen und deiner Weisheit, erbarme dich!' Und wenn wir in Bedrängnis sind, genügt es zu sagen: ‚Herr, hilf!' Gott weiß selbst, was wir brauchen, und ist barmherzig zu uns." 10

Abba Theodor von Pherma bat den greisen Abba Pambo: „Sag mir ein Wort!" Mit Mühe antwortete dieser: „Theodor, geh weiter deinen Weg und hab mit allen Erbarmen! Durch dein Erbarmen findest du zur Vertrautheit mit Gott." 11

Amma (Mutter) Synkletika sagte einmal: „Mit deiner Geduld vernichtest du den Feind: Es ist nämlich, wie wenn jemand mit dem Schiff aus dem Hafen fährt. Auch wenn der Wind zunächst günstig steht, kann er beim Segelsetzen plötzlich starken Gegenwind bekommen. Richtige Seeleute werfen aber beim ersten Sturm nicht gleich Ladung über Bord, sondern kämpfen gegen den Sturm, ruhen sich kurz aus und nehmen dann die Fahrt wieder auf. So setzen wir bei Gegenwind das Kreuz als Segel und kommen sicher ans Ziel." 12

Als Abba Romanus im Sterben lag, versammelten sich seine Jünger um ihn und fragten: „Wer wird uns von nun an sagen, was wir tun sollen?" Der greise Mann aber sagte: „Ich kann mich nicht erinnern, jemals einem von euch etwas aufgetragen zu haben, ohne mir dabei vorzunehmen, nicht zornig zu werden, falls er es nicht ausführt. Auf diese Weise haben wir stets in Frieden zusammengelebt." 13

Pachomius lebte zusammen mit seinem Bruder in Tabennese, einem keinen Dorf in der Wüste. Sie suchten Gott. Eines Tages waren sie zur Ernte auf eine Insel gefahren, und nachdem sie zusammen gebetet hatten, entfernte sich Pachomius von seinem Bruder; er war traurig und im Herzen unruhig, weil er den Willen Gottes vergeblich suchte.

Bei Einbruch der Nacht stand plötzlich eine leuchtende Gestalt vor ihm und fragte: „Warum bist du traurig und im Herzen unruhig?" Pachomius antwortete: „Ich suche den Willen Gottes." Die leuchtende Gestalt fragte daraufhin: „Willst du wirklich wissen, was Gott von dir verlangt?" Pachomius bejahte, worauf ihm die Gestalt antwortete: „Der Wille Gottes ist, dass du den Menschen dienst, um sie mit Gott zu versöhnen." Da wurde Pachomius ärgerlich und sagte: „Ich suche den Willen Gottes, und du rätst mir nur: ‚Diene den Menschen!' Aber jener wiederholte seine Antwort dreimal: „Der Wille Gottes ist, dass du den Menschen dienst und sie so zu Gott bringst." Dann verschwand er.   14

Evagrius Ponticus

(346–399 n. Chr.)

Evagrius stammet aus Pontus, einem Landstrich an der kleinasiatischen Schwarzmeerküste. Anfänglich war er Diakon in Konstantinopel bei Basilius und Gregor von Nazianz. Später wurde er Mönch und lebte in Jerusalem und in Ägypten.

Das größte Gebot ist die Liebe. In ihr schauen wir das Urbild der Liebe, also Gott. Wenn wir einander lieben, sehen wir die Liebe, die Gott zu uns hat, wie es im Psalm heißt: „Den Gebeugten zeigt er seinen Weg" (Ps 25,9). 15

Johannes Kassian

(360–430/35 n. Chr.)

Johannes Kassian trat sehr jung in ein Kloster in Betlehem ein. Danach lebte er unter Mönchen in Ägypten, bevor er nach Konstantinopel ging und sich Johannes Chrysostomos anschloss. Später hielt er sich in Rom und in Marseille auf, wo er mehrere Klöster gründete.

Es wird uns immer wieder bewusst, dass wir beim Gebet zerstreut sind: Benommen und wie aus tiefem Schlaf gerissen kommen wir zu uns und versuchen, uns an das zu erinnern, was wir betrachtet hatten. Aber noch bevor uns einfällt, wo wir stehen geblieben waren, schweifen unsere Gedanken von Neuem ab.

Es ist klar, was uns fehlt, um uns konzentrieren zu können: Wir brauchen für unsere geistliche Betrachtung einen einfachen Satz oder eine Art Formel, an der wir uns festhalten können, und auf die unser unsteter Geist nach seinen Umwegen immer wieder zurückkommen kann. Denn ständig durchziehen uns neue Gedanken, ohne dass wir merken, woher sie kommen und wohin sie wieder verschwinden.

Hier ist so ein einfacher Satz, den ihr für euer Gebet sucht, und jeder Mönch, der Gott in seinem Denken lebendig bewahren möchte, sollte diese Worte unaufhörlich meditieren. Dann verschwinden die störenden Gedanken. Wir selbst haben diese

Worte von einigen unserer ältesten Väter und geben sie selten und nur an jemanden weiter, der ausdrücklich danach fragt. Hier also das Gebet, das uns helfen soll, den Gedanken an Gott nicht zu verlieren: „Gott, komm herbei, um mich zu retten; Herr, eile mir zu Hilfe" (Ps 70,2). In diesem kurzen Vers kannst du dich in jeder Lage wiederfinden. Diese wenigen Worte passen in jede Situation: In der Not beten wir, dass wir aus ihr befreit werden, und im Glück, dass wir in ihm bewahrt werden. Sei es bei der Arbeit, oder dass du jemand anderem hilfst oder dass du auf Reisen bist: Lass nicht nach, diese Worte zu sprechen, so dass sie selbst noch im Schlaf mit dir sind. Ganz wie Mose es vorschreibt: „Wenn du zu Hause sitzt und wenn du auf der Straße gehst" (Dtn 6,7). 16

Barsanuphius und Johannes von Gaza

(Anfang des 6. Jh. n. Chr.)

Die beiden „Greise" – so wurden sie in ihrem Kloster in Palästina genannt – waren Männer, die denen zuhörten, die zu ihnen kamen. Unter ihrer Anleitung fanden viele den Mut, Christus nachzufolgen.

Ein Bruder fragte einmal den greisen Barsanuphius: „Wie kommt es, Vater, dass mein Herz nicht weint, obwohl es so viele Wunden hat?" Barsanuphius antwortete darauf: „Wer auf das schaut, was er verloren hat, möchte dem Verlorenen nachweinen. Wen aber die Sehnsucht treibt, der nimmt so manchen Weg und mancherlei Strapazen mutig auf sich, um zu erlangen, wonach er sich sehnt. 17

Dorotheus fragte den alten Barsanuphius: „Ich komme noch einmal mit einem Anliegen, denn ohne die Kraft deines Gebets bin ich zu schwach: Man hat mir aufgetragen, unsere Krankenstation zu leiten. Dabei muss ich oft eigene Entscheidungen treffen und fürchte, eitel und überheblich zu werden. Meinst du nicht auch, dass eine einfachere Arbeit für mich momentan besser wäre, um diese neue Aufgabe dann später zu übernehmen?"

Barsanuphius antwortete darauf: „Höre, Bruder, und sei zuversichtlich im Herrn: Seit wir dir diese Aufgabe übertragen haben, sind unsere Hand und unser Herz bei dir, besser gesagt: die Hand Gottes. Zu ihm rufen wir im Gebet und bitten ihn, deine Seele zu schützen, und dich für diese Aufgabe zu stärken, damit du dich vor den anderen bewährst und Halt im Leben findest. Lass also den Mut nicht sinken: Wenn du fällst, steh wieder auf; wenn du einen Fehler machst, dann gib zu, Sünder zu sein, und Gott zeigt dir sein Erbarmen; denn danach sehnst auch du dich. Sei nur nicht sorglos, sondern vertraue darauf, dass der Herr, der dich in diese Arbeit gestellt hat, selbst am Werk ist! Er, der dir diese Aufgabe anvertraut hat, hat doch zu seinen Jüngern nicht nur gesagt: ,Seht, ich sende euch' (Mt 10,16), sondern sofort auch: ,Seid gewiss, ich bin bei euch' (Mt 28,20). Fürchte dich also nicht! Du musst nur, so gut du kannst, auf dich achten, denn Gott kommt dir zu Hilfe. Geh, der Herr ist mit dir, in ihm findest du Kraft." 18

Dorotheus von Gaza

(6. Jh. n. Chr.)

Dorotheus wurde als junger Mann im Kloster Seri-
dos in Palästina Mönch. Dort lebte er mit Bar-
sanuphius und Johannes. Später gründete er selbst
ein Kloster.

Jeder soll sich mit aller Kraft für das Wohl
der anderen einsetzen. Bemüht euch, einander zu
helfen, sei es, indem ihr einem Bruder ein Wort aus
der Bibel erklärt, so dass ihm etwas aufgeht, oder
indem ihr jemanden tröstet, der Schweres durchzu-
machen hat, oder indem ihr einem anderen bei der
Arbeit zur Hand geht. Mit einem Wort: Jeder suche,
so gut er kann, mit den anderen in brüderlicher
Verbundenheit zu leben. Je enger wir nämlich mit
unserem Nächsten in Gemeinschaft leben, desto tiefer ist unsere Gemeinschaft mit Gott.

Folgendes Bild, das uns die Väter überliefert
haben, macht dies noch deutlicher: Jemand hat
mit dem Zirkel einen Kreis auf den Boden gezeich-
net. Passt nun auf und stellt euch vor, der Kreis
ist die Welt und der Mittelpunkt des Kreises Gott.
Die Linien vom Kreis zum Mittelpunkt sind dabei
die Lebenswege der Menschen. Wenn nun die
Glaubenden in das Innere des Kreises vorstoßen,
weil sie Gott nahe sein wollen, dann kommen sie
nicht nur Gott, sondern auch einander immer
näher. Je mehr sie sich Gott nähern, desto näher

kommen sie sich untereinander, und je mehr sie sich gegenseitig annähern, desto näher kommen sie zu Gott.   19

In Bedrängnis

Mein Kind, wir wissen nicht, was Gott für uns vorbereitet hat, und müssen seinem Handeln vertrauen. Dies gilt besonders für dich in deiner gegenwärtigen Bedrängnis. Wenn du nämlich das, was dir momentan widerfährt, mit menschlichen Maßstäben beurteilen wolltest, statt deine ganze Sorge auf Gott zu werfen, würdest du dir nur selbst schaden. Ruf zu Gott, sobald dich widrige Gedanken bedrängen: „Herr, handle in dieser Sache, wie du willst und wie du es für richtig hältst." Gottes Vorsehung macht nämlich vieles anders, als wir es erwarten und uns wünschen. So manches von dem, was wir erhofften, ist anders in Erfüllung gegangen, als wir uns vorstellten. Kurz gesagt: In Zeiten der Versuchung geht es darum, durchzuhalten und zu beten, und nicht zu meinen, wir könnten mit unseren Überlegungen die Gedanken bezwingen, die der Versucher uns eingibt.

Abba Poimen sagte dazu einmal, dass der Satz „Sorge dich nicht um morgen!" (vgl. Mt 6,34) an einen Menschen gerichtet sei, der gerade mit der Versuchung kämpft. Vertraue auf diese Erkenntnis und stell deine eigenen Überlegungen zurück, so vernünftig sie auch sein mögen. Halte die Hoffnung auf Gott fest; er vollbringt mehr, „als wir erbitten oder uns ausdenken können" (Eph 3,20).　　　20

„Gott ist treu; er wird nicht zulassen, dass ihr über eure Kraft hinaus versucht werdet" (1 Kor 10,13). Wir haben oft keine Geduld, wir schrecken vor dem geringsten Leid zurück und sind nicht bereit, etwas mit Demut anzunehmen. Deshalb reiben uns die Versuchungen auf und lasten umso drückender auf uns, je mehr wir ihnen zu entkommen suchen. Wir verlieren den Mut, weil uns dies nicht gelingt.

Ein guter Schwimmer taucht unter, wenn im Meer eine Welle auf ihn zukommt, und lässt sie über sich hinwegrollen. Danach schwimmt er ruhig weiter. Würde er sich der Welle entgegenstemmen, würde diese ihn nur zurückwerfen; bevor er sich erholt hätte, käme schon die nächste Welle und würde ihn noch weiter zurückwerfen. Auf diese Weise würde ein Schwimmer schnell müde ohne vorwärts zu kommen. Wenn er aber, wie beschrieben, unter der Welle durchtaucht und sich von ihr gleichsam hinabdrücken lässt, dann kann er gleich danach weiterschwimmen und ungehindert seine Arbeit tun. So ist es auch mit den Versuchungen. Wenn sie einer mit Ausdauer und Demut erträgt, dann ziehen sie ohne zu schaden an ihm vorbei. Wenn er sich aber aufreiben und zermürben lässt und ständig anderen die Schuld gibt, dann macht er die Versuchung nur noch unerträglicher und schadet letztlich sich selbst. So ist diese Haltung für den Betreffenden nicht nur nutzlos, sondern sogar schädlich.

Die Versuchungen können nämlich für den, der sie erträgt, ohne sich von ihnen innerlich aufreiben zu lassen, durchaus von Nutzen sein. Wir dürfen uns nur nicht durcheinanderbringen lassen, wenn uns eine Leidenschaft bedrängt. Wenn einer sich durch eine Leidenschaft, die ihm zusetzt, aus der Ruhe bringen lässt, dann geschieht dies oft aus Unwissenheit und Hochmut, weil der Betreffende sich selbst nicht kennt und jede Anstrengung scheut. 21

Handeln wir so, wie es von Abba Antonius berichtet wird: Sobald er bei einem, den er besuchte, eine gute Eigenschaft erkannte, stellte er diese besonders heraus: beim einen dessen Milde, beim anderen die Demut, beim nächsten die Tatsache, dass er sich gerne in die Stille zurückzieht. Am Ende stellte sich heraus, dass Abba Antonius jede dieser Eigenschaften selbst angenommen hatte. Ebenso müssen auch wir handeln und uns dazu gegenseitig besuchen. 22

Johannes Climacus

(ca. 579 – ca. 649 n. Chr.)

Im Alter von 16 Jahren machte sich Johannes auf den Weg zum Kloster auf dem Berg Sinai, wo er Mönch wurde. Nach einer seiner Schriften gab man ihm den Beinamen „Climacus", was soviel bedeutet wie „Stufenleiter", weil er dort 30 Stufen beschreibt, auf denen der Mensch sich Gott nähert.

Selig, wer Gott mit der gleichen Begeisterung liebt wie ein Liebhaber seine Geliebte.   23

Wenn wir einen geliebten Menschen erblicken und uns sein Anblick sichtlich verändert, wenn er uns heiter, froh und unbetrübt macht, was muss dann erst in unserer Seele vorgehen, wenn wir uns Gott zuwenden, der unsere Seele auf unsichtbare Weise besucht?   24

Isaak von Ninive

(7. Jh. n. Chr.)

Isaak kam am Persischen Golf zur Welt. Nach einer kurzen Zeit als Bischof von Ninive zog er sich als Einsiedler ins syrische Bergland zurück.

Sag nicht, Gott sei gerecht! Auch wenn David ihn gerecht und seine Entscheide richtig nennt (vgl. Ps 119,137), hat doch sein Sohn uns offenbart, dass er vielmehr gütig und menschenfreundlich ist: „Er ist gütig gegen die Undankbaren und Bösen" (Lk 6,35). Wie kannst du Gott gerecht nennen, wenn du an das Gleichnis von den Arbeitern im Weinberg denkst, in dem es heißt: „Mein Freund, dir geschieht kein Unrecht. Ich will dem letzten ebensoviel geben wie dir. Oder bist du neidisch, weil ich gütig bin?" (Mt 20,13-15). Wie kann jemand Gott gerecht nennen, wenn er das Gleichnis vom verlorenen Sohn liest? Dieser hatte sein Erbteil verspielt; doch bei seiner Rückkehr lief ihm sein Vater voll Freude entgegen, fiel ihm um den Hals und setzte ihn erneut als Erben ein! Niemand anders erzählt das über Gott als dessen eigener Sohn; Gottes Sohn selbst bezeugt all das, damit wir seine Gerechtigkeit in Frage stellen. Worin besteht also die Gerechtigkeit Gottes? Darin, dass wir Sünder waren und Christus für uns gestorben ist.

O erschütternde Liebe Gottes, unseres Schöpfers! O unendliche Freundlichkeit, mit der Gott uns trotz der Sünde unsere ursprüngliche, von ihm geschaffene Gestalt wiedergibt! Er richtet den wieder auf, der ihn verlassen und beleidigt hatte. Welche Hölle könnte uns da noch Angst machen? Welche Strafe könnte uns noch einschüchtern und sich der Freundlichkeit und Liebe Gottes entgegenstellen? Was vermag die Hölle angesichts der Auferstehung? 25

Gott kann nur seine Liebe schenken

Unsere Trauer darüber, dass wir gegen die Liebe gesündigt haben, lastet auf uns und ist die schwerste Qual, die es gibt. Es ist Unsinn, zu glauben, dass die Sünder in der Hölle von der Liebe Gottes getrennt seien. Seine Liebe gilt ausnahmslos allen, auch wenn sie auf ganz unterschiedliche Weise wirkt: Für einen Sünder ist sie Qual, weil die Freundschaft Gottes auch in der Hölle weiterbesteht; und für die, die Gott treu geblieben sind, ist sie Glück. Ich glaube, die eigentliche Höllenqual ist die Reue. 26

Gleichwie ein Sandkorn nicht eine große Menge Gold aufwiegt, so wiegt bei Gott das Bedürfnis nach einem gerechten Urteil nie so viel wie seine Barmherzigkeit. 27

Mein Bruder, ich gebe dir folgenden Rat: Lass die Barmherzigkeit in dir solange überwiegen, bis du der Welt gegenüber das gleiche Erbarmen empfindest wie Gott.   28

Ein junger Menschen fragte: „Wie kann einer wissen, ob sein Herz rein ist?" Der Lehrer antwortete: „Vollkommene Reinheit hat der erlangt, der alle Menschen in einem guten Licht sieht und von niemandem den Eindruck hat, er wäre unrein oder verdorben. Ein solcher Mensch hat vollkommene Reinheit erlangt."   29

Wirf deinen Mantel über einen Sünder und decke ihn zu!   30

Gregor von Narek

(944–1010 n. Chr.)

Gregor stammte aus Armenien, dem Land, das als erstes – noch vor dem Römischen Reich – das Christentum als Staatsreligion angenommen hatte. Die Kirche und besonders das Mönchtum in Armenien erlebte im 10. Jahrhundert eine große Erneuerung. Im Alter von fünf Jahren zum Waisen geworden, wuchs Gregor zusammen mit seinem älteren Bruder im Kloster Narek auf.

Mehr als die Hoffnung ist es die Liebe, die mich zu Gott hinzieht.

So sehne ich mich auf ewig nicht so sehr nach den Gaben,

als nach dem, der sie gibt.

Auch wünsche ich mir nicht die Herrlichkeit,

sondern möchte den Herrlichen selbst umarmen.

So brennt in mir nicht die stete Sehnsucht nach Leben,

sondern der Gedanke an den, der das Leben spendet.

Ich lechze nicht danach, Freuden zu genießen,

sondern weine Tränen aus meinem tiefsten Inneren,

weil ich dem begegnen möchte, der mir die Freuden bereitet.

Nicht nach Ruhe suche ich,

sondern ich flehe zu dem, der mir die Ruhe gewährt.

Mich verzehrt nicht die Sehnsucht nach dem Brautgemach,

sondern nach dem Bräutigam.

Trotz der Last meiner Verfehlungen, von der ich schon sprach, glaube ich durch seine Kraft, mit Zuversicht und unerschütterlicher Hoffnung. Ich flüchte mich in die Hand des Mächtigen, nicht nur um Verzeihung zu erlangen, sondern um ihn selbst zu sehen. 31

Symeon der Neue Theologe

(949–1022 n. Chr.)

Abt eines Klosters in der Nähe von Konstantinopel

Komm, Heiliger Geist, du wahres Licht, komm, ewiges Leben;

komm, verborgenes Geheimnis, komm, unnennbarer Schatz;

komm, unaussprechliche Wirklichkeit, komm, du, der alles Erkennen übersteigt;

komm, immerwährende Wonne, komm, Licht, das nie vergeht.

Komm, der du immer überall bist und dennoch ständig auf uns zugehst, komm, du, nach dem sich meine arme Seele immer schon gesehnt hat und sich immer noch sehnt.

Komm, der du in mir selbst Sehnsucht geworden bist, so dass ich mich nach dir, dem völlig Unerreichbaren, sehne!

Komm, mein Atem und mein Leben! Komm, Trost meiner hilflosen Seele,

komm, meine Freude, mein Ruhm und mein endloses Glück!

Ich danke dir, dass du für mich zum Licht geworden bist, das nie erlischt, zur Sonne, die nie untergeht. Es gibt keinen Ort, an dem du dich verbergen würdest, du, der die ganze Welt mit seiner Herrlichkeit erfüllt. Denn du hast dich noch nie vor einem Menschen versteckt, vielmehr sind wir es, die dir ausweichen und nicht zu dir kommen wollen. Wo solltest du dich auch verstecken, der du keinen Ruheort für dich selbst hast und dich von keinem Menschen auf der Welt abwendest und niemanden abweist?

Schlage in mir dein Zelt auf, Heiliger Geist, nimm für immer Wohnung in mir, bleibe stets bei mir und ziehe dich nie mehr von mir zurück. So bin ich, der dir dient, auch dann noch bei dir, du Bester, wenn ich diese Welt verlasse; gemeinsam werde ich mit dir regieren, du Gott, der über allem ist.

Bleibe, Herr, und lass mich nicht allein, damit du da bist, wenn meine Feinde kommen. So werden sie fliehen und mir nichts antun können, sobald sie dich, den Allmächtigen, in der Wohnung meiner Seele antreffen. Behüte mich für immer, wohne in mir und zieh nicht wieder fort. Ich werde dich für immer sehen und werde leben, und wenn ich dich habe, werde ich Armer für immer reich sein, reicher als alle Könige. Dich esse ich, dich trinke ich, in dir berge ich mich alle Zeit und werde mich an deinen unaussprechlichen Gütern laben.

Dir sei die Ehre, dir, der heiligen, einen und Leben spendenden Dreieinigkeit, die im Vater und im Sohn und im Heiligen Geist von allen Gläubigen gefeiert und bekannt, angebetet und verehrt wird, jetzt und immer und in alle Ewigkeit. Amen.   32

Quellenangaben

Abkürzungen

CChr. SL	Corpus Christianorum. Series Latina
CSEL	Corpus Scriptorum Ecclesiasticorum Latinorum
GCS	Die griechische christliche Schriftsteller der ersten Jahrhunderte
MPG	Migne. Patrologia Graeca
MPL	Migne. Patrologia Latina
SChr.	Sources Chrétiennes
SUC I et II	Schriften des Urchristentums, erster und zweiter Teil

Die Generation nach den Aposteln

1: Schrift an Diognet 5,1–6,9 (SUC II, S. 318–322).
2: Schrift an Diognet 7,3–5 (SUC II, S. 324–326).
3: Ignatius, Brief an die Römer 4,1–7,3 (SUC I, S. 186–190).
4: Ignatius, Brief an die Epheser 15,1–3 (SUC I, S. 154).
5: Ignatius, Brief an die Epheser 4,1–3 (SUC I, S. 144).

6: Justin, Apologie I, 44 und 46 (Die Apologien Justins des Märtyrers, ed. G. Krüger, Freiburg i. B. 1891, S. 37–38).

7: Justin, Apologie I, 67 (ebd., S. 57–58).

8: Apostellehre 9,4 (SUC II, S. 80).

9: Klemens-Brief 46,5–7 (SUC I, S. 82).

10: Eusebius, Kirchengeschichte V, 1, 17–19, 41 und 62 (Eusèbe, Histoire ecclésiastique, ed. Émile Grapin, Livres V–VIII, Paris 1911, S. 18-20, 32 und 42–44).

11: Martyrium des Polykarp IX,3–XVIII,2 (SChr. 10, S. 222–232).

Irenäus von Lyon

1: Gegen die Häresien IV, 22, 2 (Fontes Christiani 8/4, S. 188–190).

2: Gegen die Häresien V, 15, 2 (SChr. 153, S. 206).

3: Gegen die Häresien V, 14, 2 (SChr. 153, S. 186–188).

4: Gegen die Häresien III, 22, 2–3 (Fontes Christiani 8/3, S. 276).

5: Gegen die Häresien III, 18, 7 (Fontes Christiani 8/3, S. 232–234 und 236).

6: Gegen die Häresien IV, 20, 5 und 7 (Fontes Christiani 8/4, S. 162 und 166).

7: Gegen die Häresien V, 6, 1 (SChr. 153, S. 72).

8: Gegen die Häresien V, 2, 2–3 (SChr. 153, S. 30–36).

9: Gegen die Häresien IV, 37, 1 (Fontes Christiani 8/4, S. 318–320).

10: Gegen die Häresien III, 17, 1–2 (Fontes Christiani 8/3, S. 210 und 212).

11: Gegen die Häresien IV, 39, 2 (Fontes Christiani 8/4, S. 344).

12: Gegen die Häresien III, 24, 1 (Fontes Christiani 8/3, S. 296–298).

Origenes

1: Kommentar zum Johannes-Evangelium VI, 154 (SChr. 157, S. 246).

2: Kommentar zum Johannes-Evangelium I, 234–235 (SChr. 120, S. 174–176).

3: Predigten über Ezechiel VI, 6 (Werke, Bd. 8 [GCS], S. 384–385).

4: Kommentar zum Johannes-Evangelium XIX, 38 (SChr. 290, S. 68–70).

5: Kommentar zum Johannes-Evangelium I, 183–184 (SChr. 120, S. 150).

6: Kommentar zum Johannes-Evangelium II, 61 (SChr. 120, S. 242).

7: Gegen Celsus III, 28 (SChr. 136, S. 68).

8: Predigt über Jeremia IX, 4 (SChr. 232, S. 392–394).

9: Kommentar zum Matthäus-Evangelium XVI, 23 (Werke, Bd. 10/1 [GCS], S. 555).

10: Predigten über das Buch Genesis XIII, 3–4 (Werke, Bd. 6 [GCS], S. 118–119).

11: Auslegung der Sprüche V (MPG 17, Sp. 173D).

12: Predigten über das Buch Genesis IX, 1 (Werke, Bd. 6 [GCS], S. 86–87).

13: Kommentar zum Johannes-Evangelium XIII, 438 (SChr. 222, S. 272).

14: Kommentar zum Johannes-Evangelium XX, 370 (SChr. 290, S. 336).

15: Predigten über Jeremia XX, 1 (Werke, Bd. 3 [GCS], S. 176).

16: Predigten über das Buch Exodus XII, 4 (Werke, Bd. 6 [GCS], S. 266).

17: Von den Prinzipien IV, 1, 6 (aaO., S. 688).

18: Predigten über das Buch Numeri IX, 7, 3 (SChr. 415, S. 254).

19: Kommentar zum Johannes-Evangelium I, 23 (SChr. 120, S. 70–72).

20: Auslegung von Ps 81,2 (Analecta sacra Spicilegio Solesmensi parata, ed. Jean-Baptiste Pitra, Bd. 3, Venedig 1883 [Nachdruck 1966], S. 135).

Basilius von Caesarea

1: Brief 234. Griech. Text in: Saint Basile, LETTRES. Band 3. Hg. von Y. Courtonne, Paris, 1966, S. 42.

2: Predigt über die Geburt Jesu Christi 2 (MPG 31, Sp. 1460 BC).

3: Über den Heiligen Geist, 19, 49. Fontes Christiani Bd. 12, S. 221ff.

4: Brief 38. Griech. Text in: LETTRES, Bd. 1, Paris, 1957, S. 84ff.

5: Über den Heiligen Geist, 9, 23. Fontes Christiani Bd. 12, S. 140ff.

6: Über den Heiligen Geist, 24, 55. Fontes Christiani Bd. 12, S. 246/247.

7: Brief 93. Griech. Text in: LETTRES, Bd. 1, Paris, 1957, S. 203ff.

8: Predigten über das Sechstagewerk XI, I, 17 (SChr. 160, S. 208–210).

Gregor von Nazianz

1: Theologische Lieder I, 29 (MPG 37, Sp. 507–508).

2: 2. Theologische Rede. Rede 28, 12–13. In: Gregor von Nazianz. Die fünf theologischen Reden. hg. von Josef Barbel, Düsseldorf, 1963, S. 86ff.

3: 3. Theologische Rede: Über den Sohn. Rede 29, 19–20. AaO., S. 160ff.

4: 4. Theologische Rede: Über den Sohn. Rede 30, 6. AaO., S. 180.

5: Predigt 45 (Ostern), 7–13, 52 und 54 (MPG 36, Sp. 653 AB, 661 C und 664 A).

6: 4. Theologische Rede: Über den Sohn. Rede 30, 14. AaO., S. 198 + 200.

7: 3. Theologische Rede: Über den Sohn. Rede 29, 16. AaO., S. 156.

8: 1. Theologische Rede: Über den Sohn 27, 4. AaO. S. 42.

9: Loblied auf die Jungfräulichkeit, V. 259–266, 270, 274–277, 365–367, 411 (MPG 37, Sp. 541–543, 549–550 und 553).

10: 14. Theologische Rede, 1ff und 24ff + 40. Predigt über die Liebe zu den Armen, MPG 35, Sp. 857D–860A, 864C–865A, 868BC, 872B–873A, 889A–893A und 909B.

Gregor von Nyssa

1: Kommentar zum Hohenlied, Rede 8 (Gregorii Nysseni Opera, Bd. 6, Leiden 1960, S. 246–247).

2: Kommentar zum Hohenlied, Rede 12 (ebd., S. 366).

3: Kommentar zum Hohenlied, Rede 12 (ebd., S. 369–370).

4: Kommentar zum Hohenlied, Rede 2 (ebd., S. 61–62).

5: Kommentar zum Hohenlied, Rede 2 (ebd., S. 68).

6: Über die Jungfräulichkeit (Gregorii Nysseni Opera, Bd. 8/1, Leiden 1952, S. 254–255).

7: Predigten über die Seligpreisungen, Predigt 6 (MPG 44, Sp. 1269C-1271A)

8: Brief 3,17 (Gregorii Nysseni Opera, Bd. 8/2, Leiden ²1956, S. 24).

9: Predigt über die Wohltätigkeit (Gregorii Nysseni Opera, Bd. 9, Leiden 1967, S. 98–99 und 103).

10: Predigt über die Worte Jesu „Was ihr für einen meiner geringsten Brüder getan habt..." (Gregorii Nysseni Opera, Bd. 9, Leiden 1967, S. 113, 116, 119–120 und 126–127).

Johannes Chrysostomos und ein unbekannter Verfasser

1: Predigt am Ostersonntag, MPG 59, Sp. 721–724.

2: Predigten an das Volk in Antiochia 20,5 (MPG 49, Sp. 204).

3: Predigt zum Karsamstag (Epiphanius von Sala-
mis zugeschrieben), MPG 43, Sp. 440, 452 und
461.

Ambrosius von Mailand

1: Auslegung des Lukas-Evangeliums V, 16
(CChr SL 14, S. 140).

2: Exameron VI, 10, 75–76 (CSEL 32/1,
S. 260–261).

3: Auslegung des Lukas-Evangeliums I, 40
(aaO., S. 26).

4: Über Isaak und die Seele VI, 51 (CSEL 32/1,
S. 675).

5: Auslegung des Lukas-Evangeliums II, 17
(aaO., S. 39).

6: Auslegung des Lukas-Evangeliums II, 26–27
(aaO., S. 42).

7: Auslegung des Lukas-Evangeliums VI, 86
(aaO., S. 205).

8: Auslegung des Lukas-Evangeliums VI, 57
(aaO., S. 194).

9: Auslegung des Lukas-Evangeliums I, 5–7 und
61 (aaO., S. 9–10 und 20).

10: Auslegung des Lukas-Evangeliums VII, 211–212,
220 und 224–225 (aaO., S. 287f., 290 und 292).

11: Über die Buße I, 1–2 (SChr 179, S. 52–56).

12: Über die Sakramente VI, 3, 11 – 5, 20
(SChr 25bis, S. 142–148).

13: Auslegung des Lukas-Evangeliums V, 58
(aaO., S. 155).

14: Über Jakob II, 6, 28 (CSEL 32/2, S. 48).

15: Auslegung des Lukas-Evangeliums V, 77
(aaO., S. 161).

16: Über Naboth 12, 53 (CSEL 32/2, S. 498–499).

Augustinus

1: Predigt 34, III, 6 (MPL 38, Sp. 211).

2: Auslegung der Psalmen LXVI, 6 (CChr SL 39,
S. 863).

3: Bekenntnisse XII, 10 (CChr SL 27, S. 221).

4: Traktat über den 1. Johannesbrief IV, 6
(SChr 75, S. 230).

5: Auslegung der Psalmen XXXVII, 14
(SChr 38, S. 392).

6: Auslegung der Psalmen CXXV, 8 (CChr SL 40,
S. 1851).

7: Brief 130, 17–20 (CSEL 44, S. 59–62).

8: Predigt 131, 2 (MPL 38, Sp. 730).

9: Predigt, ed. A. B. Caillau / B. Saint-Yves, II, 11,
6 (Sancti Augustini Sermones post Maurinos
reperti probatae dumtaxat auctoritatis, ed.
Germain Morin [Miscellanea Agostiniana 1],
Rom 1930, S. 258–259).

10: Traktat über das Johannes-Evangelium LII, 1–2
(CChr SL 36), S. 446.

11: Predigt 21, 2 (MPL 38, Sp. 143).

12: Traktat über den 1. Johannesbrief V, 12
(aaO., S. 268).

13: Traktat über das Johannes-Evangelium CXX, 1
(aaO., S. 661).

14: Traktat über den 1. Johannesbrief X, 10
    (aaO., S. 436–438).
15: Predigt, ed. Ang. Mai, XCVIII, 1–2 (Sermones,
    ed. G. Morin, S. 347–348).
16: Predigt, ed. M. Denis, XIX, 4 und 6 (Sermones,
    ed. G. Morin, S. 101–103).
17: Traktat über das Johannes-Evangelium CXXIV,
    5 und 7 (aaO., S. 685–687).

Gregor der Große

1: Moralia in Iob XIX, 12, 20 (CChr SL 143A,
   S. 971).
2: Moralia in Iob II, 7, 11 (aaO., S. 66).
3: Ezechiel-Homilien II, 5, 17 (SChr. 360,
   S. 260–262).
4: Briefregister V, 46 (CChr SL 140, S. 339–340).
5: Evangelien-Homilien XXIII, 1–2 (CChr SL 141,
   S. 194–195).
6: Moralia in Iob XVIII, 40, 63 (aaO., S. 929).
7: Evangelien-Homilien III, 2–3 (CChr SL 141,
   S. 21–22).
8: Evangelien-Homilien XXXIV, 11 (aaO., S. 311).
9: Hirtenregel II, 5 (SChr 381, S. 196 und 200).

Maximus der Bekenner

1: Ambigua VI, 3 (CChr SG 18, S. 48).
2: Mystagogia 24 (MPG 91, Sp. 713AB).
3: Brief 2 (MPG 91, Sp. 404B-C).

4: aus den Opuscula theologica (MPG 91, Sp. 196C – 197A.

5: Ambigua V (MPG 91, Sp. 1048).

6: aus den Opuscula theologica (MPG 91, Sp. 77C).

7: Verschiedene offene Fragen der Heiligen Dionysios und Gregorios (MPL 91, Sp. 1060A).

8: Fragen an Thalassios VI (CChr SG 7, S. 69).

9: Fragen an Thalassios LIX (CChr SG 22, S. 53).

10: Zenturien III, 46 (Massimo Confessore, Capitoli sulla carità, hg. v. Aldo Ceresa-Gastaldo, Rom 1963, S. 164).

11: Ambigua 17 (CChr SG 18, S. 144–145).

12: Ambigua 11 (CChr SG 18, S. 121).

13: Zenturien I,100 (aaO., S. 88).

14: Kommentar zu Dionysios Areopagita, Über die Namen Gottes 1 (MPG 4, Sp. 189).

15: Mystagogia 1 (MPG 91, Sp. 665C – 667B).

Johannes von Damaskus

1: Homilie über den Tod Mariens 8 (SChr. 80, S. 100).

2: Ebd. 14 (aaO., S. 118–120).

Aus der Tradition des Mönchtums

1: MPG 65, Sp. 229C.

2: MPG 65, Sp. 353C.

3: MPL 73, Sp. 974f.

4: MPL 73, Sp. 974f.

5: Jean-Claude Guy, Recherches sur la Tradition grecque des Apophthegmata Patrum (Subsidia hagiographica 36), Brüssel 1962, S. 24.

6: MPG 65, Sp. 240AB.

7: MPG 65, 281f.

8: MPG 65, 177

9: Histoires des Solitaires Ègyptiques, ed. F. Nau, Revue de l'Orient chrétien 12 (1907), Nr. 104, S. 402.

10: MPG 65, 269C.

11: MPG 65, 371B.

12: MPG 65, 425A

13: MPG 65, 391AB.

14: S. Pachomii Vitae Sahidice scriptae, ed. L. Th. Lefort (Corpus Scriptorum Christianorum Orientalium, Bd. 99/100), Löwen 1952, S. 101–107.

15: W. Frankenberg, Euagrius Ponticus (Abhandlungen der königlichen Gesellschaft der Wissenschaften zu Göttingen. Philologisch-historische Klasse. NF Bd. XIII/2), Berlin 1912, S. 604 (f. 182b).

16: Johannes Cassian, Conlationes X, 8 und 10, ed. E. Pichery (SChr., Bd. 54), S. 83–86 und 90.

17: Barsanuphe et Jean de Gaza, Correspondance. Recueil complet trad. par Lucien Regnault/Philippe Lemaire/Bernard Outtier, Solesmes 1971, S. 282.

18: Barsanuphe et Jean de Gaza, Correspondance, vol. II, t. I. Lettres 224–398, ed. Francois Neyt/Paula de Angelis-Noah, übers. v. L. Regnault (SChr., Bd. 450), Paris 2000, S. 330–332.

19: Dorotheus von Gaza, Didaskalia VI, 77f., ed.

L. Regnault/J. de Préville (SChr., Bd. 92),
S. 284–286.

20: Dorotheus von Gaza, Brief 8, 193, ebd.,
S. 514–516.

21: Dorotheus von Gaza, Didaskalia XIII, 140f., ebd.,
S. 406.

22: Dorotheus von Gaza, Brief 1, 181, ebd., S. 492.

23: Johannes Climacus, Paradiesleiter 30 (MPG 88,
Sp. 1156C).

24: Johannes Climacus, Paradiesleiter 30 (MPG 88,
Sp. 1157A).

25: Isaak der Syrer, Asketischer Traktat 60 (Isaak
der Syrer, Asketische Schriften, ed. Nikephoros
Hieromonachos, Leipzig 1895 [Nachdruck Thes-
saloniki 1977], S. 245–246).

26: Isaak der Syrer, Asketischer Traktat 84 (ebd.,
S. 326–327).

27: Isaak der Syrer, Asketischer Traktat 58 (ebd.,
S. 235).

28: Isaak der Syrer, Asketischer Traktat 34 (ebd.,
S. 151).

29: Isaak der Syrer, De perfectione religiosa 35, ed.
Paulus Bedjan, Paris/Leipzig 1909, S. 250 (eng-
lische Übersetzung: Mystic Treatises of Isaac of
Niniveh, translated by A. J. Wensinck [Verhan-
delingen der Koninklijke Akademie van Weten-
schappen te Amsterdam. Afdeeling Letterkunde
NF 23/1], Amsterdam 1923, S. 156).

30: Isaak der Syrer, De perfectione religiosa 50, ebd.,
S. 350 (vgl. Wensinck, S. 235).

31: Gregor von Narek, Gebet 12: Grigor Narekats'i,
Matean Oghbergut'ean (Book of Lamentations).

A Facsimile Reproduction of the 1948 Buenos
Aires Edition with an Introduction by James
R. Russell, Delmar/NY 1981, S. 27. Französi-
sche Übersetzung: Grégoire de Narek, Le livre
de prières, ed. Isaac Kéchichian (SChr. 78),
Paris 1961, S. 102.
32: Symeon der Neue Theologe, Hymnen, ed.
J. Koder (SChr., Bd. 156), S. 150–154.

Taizé bei Herder

Kathryn Spink
Frère Roger – Gründer von Taizé
Leben für die Versöhnung
192 Seiten, Paperback
ISBN 3-451-26914-7
Die erste, von Frère Roger selbst autorisierte Biographie.

Frère Roger
In allem ein innerer Friede
Ein Jahresbegleitbuch
192 Seiten, Pappband
ISBN 3-451-26661-X
Kurzgefaßte Einsichten und Erfahrungen für jeden Tag
des Jahres.

Frère Roger
Die Quellen von Taizé
112 Seiten, kartoniert
ISBN 3-451-27302-0
Die grundlegenden Texte zum Verständnis der Berufung
von Taizé.

Herder

Olivier Clèment

Taizé – Einen Sinn fürs Leben finden

96 Seiten, kartoniert

ISBN 3-451-26864-7

Dieses Buch über das Phänomen „Taizé" kann als Spiegel für die Erfahrungen vieler Besucher wirken und ein verlockender Impuls für jene sein, die sich auf den Weg machen wollen.

Taizé – Gemeinsame Gebete für das ganze Jahr

160 Seiten, Paperback

ISBN 3-451-26339-4

Gemeinsame Gebete zu den Zeiten des Kirchenjahres, verbunden mit Bibeltexten und Meditationen.

Communauté de Taizé (Hrsg.)

Taizé – Vertrauen auf der Erde

32 Seiten mit vielen Farbfotos, geheftet

ISBN 3-451-26749-7

Frère Roger / Mutter Teresa

Gebet – Quelle der Liebe

96 Seiten, Paperback

ISBN 3-451-27193-1

Herder

Die Gesänge aus Taizé

Communauté de Taizé (Hrsg.)
Die Gesänge aus Taizé
96 Seiten, Drahtheftung
ISBN 3-451-27405-1
Die maßgebende Ausgabe mit allen aktuellen Gesängen
aus Taizé.

Communauté de Taizé (Hrsg.)
**Die Gesänge aus Taizé –
Instrumentalstimmen**
ca. 208 Seiten, Spiralheftung
ISBN 3-451-27682-8
Dieser Band bietet Stimmen für eine breite Palette
von Instrumenten, von Altblockflöte über Klarinette
bis Trompete.

Herder

Communauté de Taizé (Hrsg.)

**Die Gesänge aus Taizé –
Singstimmen**

ca. 64 Seiten, Drahtheftung

ISBN 3-451-27683-6

In diesem Band finden sich die Sologesänge und Chor-
sätze für die Gesänge aus Taizé.

Herder